现代信用理论与实践系列丛书

商业信用度量

COMMERCIAL CREDIT MEASURER

关伟　袁星煜　戴征洪 ○ 主编

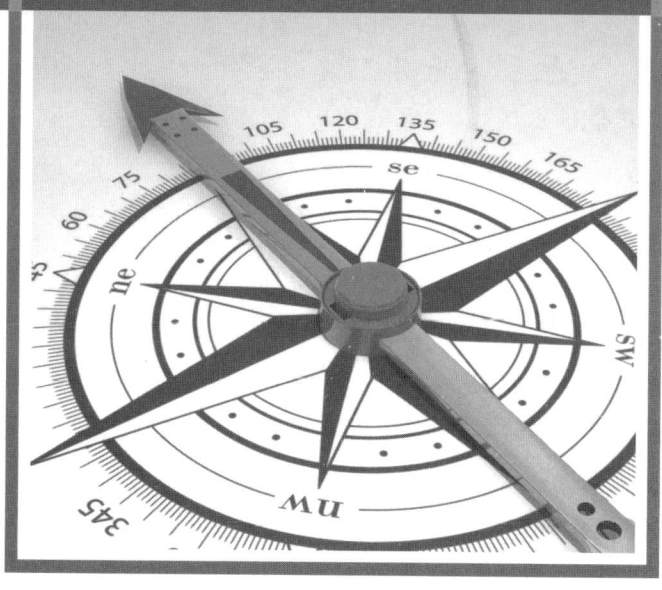

中国金融出版社

责任编辑：黄海清
责任校对：潘　洁
责任印制：程　颖

图书在版编目（CIP）数据

商业信用度量/关伟，袁星煜，戴征洪主编．—北京：中国金融出版社，2019.9

（现代信用理论与实践系列丛书）

ISBN 978-7-5220-0234-7

Ⅰ.①商…　Ⅱ.①关…②袁…③戴…　Ⅲ.①商业信用—研究　Ⅳ.①F830.56

中国版本图书馆 CIP 数据核字（2019）第 171022 号

商业信用度量
SHANGYE XINYONG DULIANG

出版
发行　中国金融出版社
社址　北京市丰台区益泽路 2 号
市场开发部　（010）66024766，63805472，63439533（传真）
网上书店　http://www.chinafph.com
　　　　　（010）66024766，63372837（传真）
读者服务部　（010）66070833，62568380
邮编　100071
经销　新华书店
印刷　保利达印务有限公司
尺寸　169 毫米 × 239 毫米
印张　10.75
字数　166 千
版次　2019 年 9 月第 1 版
印次　2019 年 9 月第 1 次印刷
定价　39.00 元
ISBN 978-7-5220-0234-7
如出现印装错误本社负责调换　联系电话（010）63263947

现代信用理论与实践系列丛书编委会

主　　任：关　伟　左　波

副 主 任：戴征洪　潘　军

执行主任：袁星煜

委　　员（按姓氏笔画排序）：

于英杰　于博文　王　帅　王玉婷　牟建永　冯彩虹
关一濛　陈文虎　陈晓云　杨淑华　杨　燕　何　超
何亚丽　郑金花　张小宁　张　坤　张文博　张晓龙
宗　民　周泽伽　俞　立　独孤雨晴　段小龙　徐义国
徐纪圆　赵泽皓　陶　璁　黄鸿星　董文汇　蒋　逸
谢　菁　解安东　颜　芳

本书编委会

主　编：关　伟　袁星煜　戴征洪

副主编：关一濛　何　超　牟建永

总　　序

　　信用是市场经济运行的前提与基础。市场经济主要通过市场机制实现资源配置，而作为市场机制核心内容的商品交换的基本原则是建立在信用基础上的等价交换。随着交换关系的复杂化，整个经济活动被彼此相连、互为制约的信用关系所联结。这种信用关系作为一种独立的经济关系维系、支持、形成市场秩序。可以说，没有信用就没有交换与市场，也就没有经济活动存在与扩大的基础，更难以形成人类赖以生存和发展的社会秩序。

　　现代经济既是市场经济，更是信用经济。自商业交易发轫之始，信用对经济运行，进而对道德文化、法制理念和社会秩序等方方面面的影响便深远悠长。伴随社会变迁和文明交流，各国都已将信用作为经济社会发展中的基本理念和基础原则，并致力于打造符合各自发展需要的信用体系，形成了多样化的信用体系建设模式。

　　信用体系建设模式并无优劣和先进落后之分，唯有建设水平的差异与不同。发达国家信用体系建设实践起步和探索早，在信用意识普及、信用环境优化、信用秩序规范、信用产品服务和信用工具运用等方面发展良好，极大地发挥了信用对经济发展和社会运行的积极作用。对于新时代中国特色社会主义现代经济建设具有重要的经验借鉴。

　　我国改革开放 40 年来，随着中国特色社会主义市场经济建设进程的推进与不断完善，市场信用交易规模迅速扩大，市场结构逐渐优化，信用关系日益渗透于社会生活的各个方面。全社会对于信用观念、信用行为及信用管理制度安排与社会信用体系建设重要性的认识普遍提高。人们对于信用管理、信用基础设施建设、失信惩戒机制与相关法律建设、完善的呼声日益强烈，对于信用管理活动及实践发展效用的认知日益深化。

围绕上述领域，越来越多的教学、科研、政府及第三方机构不断从理论探索、教学科研和实践发展等方面深入研究和推进，为我国现代信用理论与实践发展作出了重要贡献。

商业信用中心作为国务院国有资产监督管理委员会举办、中央机构编制委员会办公室于2002年正式批准设立，国家事业单位登记管理中心注册登记的国家中央事业单位，其职能是为维护社会经济秩序提供商业信用服务。中心目前拥有"国有企业供应商信用管理平台""公共资源交易信用服务平台""信用商业""商业信用培训平台"等覆盖全行业企业商业信用信息系统及专业权威的信用信息资源与基础数据库，包括国家最具权威的企业信用等级评价指标体系、模型及商业信用服务新型专业化平台，可为政府部门及信用中介机构提供翔实、可靠、动态、及时的信用信息参考依据。

近年来，商业信用中心积极响应国家构建覆盖全社会信用体系建设规划要求，依托中心专业权威的专家委员会、海量商业信用数据库和十余年来的行业积累以及强大的技术能力，保证了信用评级评价工作具有专业性、权威性、公允性。先后主持承担并完成了国家发展改革委、财政部、商务部、工信部、国资委、国管局等相关部委的信用相关课题研究和行业标准起草、制定和修订，主持和开展了中石化集团、鞍钢集团、中国航发集团等中央企业供应商法人信用评价等项目，增强了企业信用观念和风险防范意识，实现企业信用信息的公开与共享，促进企业诚信经营，推进国家层面的商业信用评级体系建设。

中国人民大学是国内最早开设信用管理专业的院校，早在2001年，中国人民大学财政金融学院秉承"高起点、有特色、国际性、重实践"的建设理念，在教育团队建设、教学方式创新、应用前沿实践、学科水平等方面都取得了显著成效。累计培养信用管理专业或方向毕业生千余名，编写和出版了经济管理类课程信用系列教材，完成数十项重大课题，开创了我国高校信用管理专业教育发展的新局面，成为信用管理领域教学科研的"领头羊"。以信用管理教学科研团队为核心的中国人民大学信用管理研究中心（CMRC），依托学校人文社会科学优势资源，专注于理论研究、政策咨询、信用管理科研成果转化应用等社会服务。先后参与了《社会信用体系建设规划纲要（2014—2020

年)》讨论起草、社会信用体系建设示范城市评估、前海蛇口自贸片区信用体系的建设与培训、惠州社会信用体系建设规划等工作,与中国人民银行征信中心等业界机构建立了良好的合作关系。

商业信用中心与中国人民大学信用管理研究中心的战略合作已有十余年,在商业信用理论与实践研究、商业企业评价评级、第三方信用机构服务等方面都取得了丰硕成果,本套"现代信用理论与实践系列丛书"即是双方战略合作成果的集中展示。

本套丛书从国内外的实践发展与先进经验出发,立足我国国情,坚持中国特色,致力于服务新时代信用理论发展和信用体系建设。通过梳理基础实践、借鉴总结经验、比较发展模式,明确实践方向、完善路径机制、凝练实务成果、丰富场景应用、探求理论创新。致力于我国信用管理学科建设与行业人才培养体系完善,助力推动社会信用体系建设。

本套丛书既可作为高校教学辅助教材,也可作为相关领域从业者、研究人员和管理人员学习参考书。由于时间仓促及水平有限,本书尚有许多不足之处,敬请广大读者、学界同仁、业界专家批评指正。

现代信用理论与实践系列丛书编委会
2018 年 12 月

前　　言

　　商业信用是社会信用体系的基础。古人说："人无信不立。"做人如此，做企业更要如此。商业信用是企业的灵魂，一个没有信用的企业连生存都很困难，更遑论发展壮大了。商业信用一般指市场主体间由一般交易引起的短期资金融通形式，也是一种历史久远的传统的信用形式。在现代经济语境下，商业信用一般是指企业间在商品交易基础上直接发生的信用，是一个企业法人以赊销或预付等方式对另一个企业法人所提供的信用。商业信用风险是指在商业信用交易中，企业的一方不能正常履约或不能全部履约而给另一方带来的风险。常见的商业信用风险包括客户拒绝付款、拖欠货款、无力还款、不能足额偿付货款，授信方不能按时保质交货、拒绝提供货物、产品质量问题和售后保障等情况。

　　企业间的商业信用交易在我国社会主义市场经济中扮演着重要角色，但交易中存在的商业信用风险又是我国企业所面临的最重要的风险之一，它不仅直接影响我国企业的经营和发展，还影响我国的经济发展和社会稳定。怎样做到更加准确地识别和度量商业信用风险，如何更有效地控制商业信用风险，是市场经济各参与主体获得稳定可持续发展所面临的重大挑战。

　　商业信用风险度量是通过定性与定量分析衡量客户按期保质供货的履约能力、按期还款意愿和到期付款能力，对企业商业信用风险的影响和后果进行评价，包括对商业信用风险影响范围以及对商业信用风险发生时间评价和估量等方面。商业信用风险度量是企业开展客户商业信用评价、应收账款管理、采购供应管理、供应链金融服务时使用的风险评价技术手段，在防范企业信用风险和维护市场有序运行中尤为重要。

随着经济和社会的发展，传统商业信用度量技术和方法越发不能满足商业信用发展需要，新型商业信用度量技术逐渐引入商业信用风险度量，为企业提供决策依据。经过长期探索，依靠度量技术与方法发展形成的众多现代度量模型实现了从简单定性分析到对商业信用风险进行有效量化的演进，并且随着时代发展还在不断完善与改进。在大数据环境下，现代商业信用度量技术与方法存在一定局限性，如信用数据的获取来源困难、质量要求高以及大数据应用与管理不当等问题。因此，要从实际出发，通过对应用层面、法律层面和人才层面的综合考量，充分利用人工智能等新兴技术，抓住当前大数据环境给商业信用度量带来的新机遇，并更好地迎接挑战。

本书重点关注商业信用风险，所述内容聚焦在商业信用风险度量，不仅介绍了传统商业信用风险度量模型方法，还阐述了新型并广泛运用的信用风险度量方法，以及目前大数据商业时代的商业信用风险度量技术，力图向读者呈现商业信用风险度量全景式框架。

参加本书编写的人员如下：第一章，关伟、黄鸿星、关一濛；第二章、第三章，袁星煜、关一濛、何超；第四章，何超、独孤雨晴；第五章，关一濛；第六章，袁星煜；第七章、第八章，关伟、关一濛、何超。在本书编写过程中，关伟、袁星煜负责前期策划，张坤、邵宇、张晓龙、何亚丽、徐纪圆、谢菁参与了资料收集与整理，关一濛、何超、牟建永参与了全书的校对与调整，最后由编委会主要负责同志通读全书并审定。

在本书策划与编写的过程中，我们深刻认识到：商业信用风险度量既是现代商业信用管理的重要内容，又是一个需要在实践中不断丰富和发展的新课题。对于本书的编写完成，我们虽然付出了很大的努力，但是由于作者水平有限，书中难免有错漏之处，恳请读者提出宝贵的意见和建议！

编者

2019 年 9 月

目　　录

第一章　商业信用度量概述 …………………………………………… 1
　　第一节　信用与商业信用 ………………………………………… 1
　　第二节　商业信用风险 …………………………………………… 6
　　第三节　商业信用度量 …………………………………………… 11

第二章　商业信用风险度量要素 ……………………………………… 15
　　第一节　经营要素 ………………………………………………… 15
　　第二节　财务要素 ………………………………………………… 22
　　第三节　公共要素 ………………………………………………… 31
　　第四节　其他要素 ………………………………………………… 35

第三章　商业信用风险度量指标 ……………………………………… 39
　　第一节　指标的选取原则 ………………………………………… 39
　　第二节　指标的选取方法 ………………………………………… 41
　　第三节　财务指标 ………………………………………………… 45
　　第四节　非财务类指标 …………………………………………… 55

第四章　商业信用风险度量模型 ……………………………………… 61
　　第一节　传统商业信用风险度量模型 …………………………… 61
　　第二节　商业信用风险预测类模型 ……………………………… 64
　　第三节　商业信用风险管理类模型 ……………………………… 73

第五章　应收账款风险度量 …………………………………………… 88
　　第一节　应收账款风险度量目标 ………………………………… 88
　　第二节　应收账款风险度量指标 ………………………………… 90

第三节　应收账款风险度量方法 …………………………………… 94

第六章　采购供应风险度量 …………………………………………… 100
第一节　采购供应风险度量目标 ……………………………………… 100
第二节　采购供应风险度量指标选取 ………………………………… 102
第三节　采购供应风险度量模型构建 ………………………………… 109

第七章　供应链金融风险度量 ………………………………………… 115
第一节　保理业务概述 ………………………………………………… 115
第二节　保理业务风险度量指标 ……………………………………… 119
第三节　补偿贸易概述 ………………………………………………… 123
第四节　补偿贸易风险度量指标 ……………………………………… 130

第八章　商业信用风险度量展望 ……………………………………… 136
第一节　商业信用风险度量与神经网络 ……………………………… 136
第二节　商业信用风险度量与大数据 ………………………………… 142
第三节　商业信用风险度量与信息熵 ………………………………… 146
第四节　商业信用风险度量与人工智能 ……………………………… 151

参考文献 ………………………………………………………………… 158

第一章 商业信用度量概述

第一节 信用与商业信用

一、信用

"信用"（Credit）一词内涵丰富。在经济和日常生活中，人们所说及所指的信用并不完全相同。通常，"信用"可以从经济、道德和心理三个角度来理解。

（一）从经济层面理解信用

从经济层面理解"信用"，Credit 通常是指借贷、赊销、赊购等交易行为。信用可以定义为受信者承诺事后按照约定的期限和条件还款而先行取得授信者的商品或服务，或者承诺事后按照约定的期限和条件支付商品或提供服务而先行取得授信者款项的经济关系。《中国大百科全书》对此的解释是，信用是借贷活动，是以偿还为条件的价值运动的特殊形式。在《辞海》中，对信用的解释有三层含义：一是信任使用；二是遵守诺言、实践成约，从而取得别人的信任；三是价值运动的特殊形式。其中，第三层的释义即是从经济层面对信用的解读。从国外对信用的界定来看，马克思在《资本论》中对信用的描述是：信用，在它最简单的表现形式上，是一种适当或不适当的信任，它使一个人把一定的资本额，以货币形式或以估计为一定货币价值的商品形式，委托给另一个人，这个资本额到期一定要偿还。《新帕尔格雷夫经济学大辞典》对信用的解释是：提供信贷（Credit）意味着对某物（如一笔钱）的财产权给予让渡，以交换在将来的某一特定时刻对另外的物（如另外一部分钱）的所有权。《牛津法律大辞典》的解释是：信用（Credit），指在得到或提供货物或服务后并不立即而是允诺在将来给付报酬的做法。是否以利息的形式征收延期偿付的费用，由当事人决定。在现代社会和商业活动中，信用是非常重要的。一方是否通过信贷与另一方作交易，取决于他对债务人的特点、偿还能力和提供的担保估计。现代信贷领域已由专业化的金融机构、银行、信贷机构和其他机构所拓宽。从上述定义可以看出，信用是与一个与经济交易有关的概念，这种经济交易不是"一手交钱，一手交货"的传统现金交易，而是"钱"与"货"的交换存在时间差的一种交易，即所谓的信用交易，因而会产生信用风险。另外，信用交易以授信者对受信者的信任为前提和基础。因此，在经济层面，信用是以偿还为条件的价值运动的特殊形式，包含货币借贷和商品赊销等形式，信用的本质是一种债权债务关系，即授信者（债权人）相信受信者（债务人）具有偿还能力，而同意受信者所作的未来偿还的承诺。现代经济是信用经济，信用是与商品生产、货币流通、市场贸易和资本借贷等市场经济关系相联系的重要范畴。

（二）从道德层面理解信用

《辞海》对信用的界定中有两方面是从道德的角度作出的：一是信任使用；二是遵守诺言、实践成约，从而取得别人的信任。其中，第一种含义表明信任常被作为用人的一种资格要素，第二种含义则泛指社会生活中的信用。这两种信用含义都具有浓厚的道德色彩，因而属于"广义"的信用范畴，以区别于从经济层面对信用界定的"狭义"范畴。在中国传统文化中，"信"是道德色彩极为浓厚的词语，是传统道德中的重要内容，侧重于做人方面的要求，即做人要诚实和恪守承诺。《论语·为政》提到："人而无信，不知其可也。"《孟子·尽心上》所谓："言语必信，非以正行也。"《墨子·修身》则提到："志不强者智不达，言不信者行不果。"道德层面的信用不仅是个人处理人际关系应当遵循的基本道德准则，对国家的建设和发展也至关重要。如果社会上多数人不讲诚信，互相缺乏信任，整个社会的交易成本将会提高，运转效率则会下降。在我国，崇尚诚实守信的风尚几千年来一以贯之，千百年来，诚信被中华民族视为自身的行为准则和道德规范。

(三) 从心理层面理解信用

信用的心理特征和基本表现是信任和安全感。在现实生活中常被提到的某人或某事"不可信",指的即是信用的这种心理现象,强调是否有信任以及信任的程度。《辞海》中强调的"信任使用",既是从道德层面对人的信任,也是从心理层面对人或事的一种信任的心理感受。信任虽然属于心理范畴,但也可以被作为"资源"使用,如只有信任卖方提供的产品或服务的品质,才会与之进行交易,才会产生资金借贷和商品赊销等。在企业管理中,职业经理人制度也是信任被使用的表现之一。随着现代经济的发展和信用形式的广泛运用,信任在经济层面也广泛作为"资源"或"资本"而被使用,信用进而成为"获得信任的资本"。从经济层面的狭义角度,信用作为一种资本,成为获得交易对手信任的经济资本,主要包括在金融借贷、有价证券交易、商业贸易往来等交易活动中,信用主体所表现出来的成交能力与履约能力。更狭义的信用,即信用是获得金融借贷交易对手信任的经济资本,主要是指在银行借贷活动中,信用主体所表现出来的获得借贷的能力。

综上所述,信用既有经济含义,又有道德和心理含义。在经济层面,信用交易通常涉及资金往来,是否遵守信用直接影响到经济利益的得失。具体而言,失信行为将会造成授信者的直接经济损失,失信人从中获益;守信行为会给守信人带来"信任"和"资源",从而有助于其获得更多的信用或交易机会。因此,正常的信用交易一般会降低交易成本,优化资源配置,从而有助于经济效率的提升。在道德层面,守信与否属于道德评价的范畴。不守信会引发负面的道德评价,从而对失信者形成道德压力;守信则会积累正面的道德评价,从而让守信者获得道德优势。在心理层面,信任是影响人们心理预期的重要因素。守信行为会带来安全、稳定和积极的心理预期;失信盛行则会导致人们对社会发展的消极预期。

二、商业信用

(一) 商业信用的内涵

在经济层面,信用是以偿还为条件的价值运动的特殊形式,包括货币借贷和商品赊销等。从信用种类来看,包括银行信用、商业信用等,前者侧重货币借贷特征，后者侧重商业赊销特征。其中，商业信用是经济层面最基础的信用形式。

马克思在考察了19世纪资本主义制度下的商业信用后，将商业信用定义为"从事再生产的资本家互相提供的信用，这是信用制度的基础"。商业信用的英译为"Trade Credit"（也可将其翻译为"商业信贷"），《新帕尔格雷夫货币金融大辞典》将"Trade Credit"定义为：一种在市场主体间由一般交易引起的短期资金融通形式。

在现代经济语境下，商业信用一般是指企业间在商品交易基础上直接发生的信用，是企业以赊销或预付等方式对其他企业所提供的信用。这种信用的具体表现形式有赊销商品、委托代销、分期付款、预付定金、按工程进度预付工程款和延期付款等。发生商业信用的对象可以是有形商品的生产企业与原料供应企业之间，或是有形商品的生产企业与代销企业之间；可以是无形服务的提供企业与消费企业之间；也可以是一项工程项目的委托企业和受托企业之间；等等。

商业信用本质上是一种特定的交易方式。换言之，并非所有的交易方式都可以定义为商业信用，只有企业在商品交易过程中产生的、商品的自然使用价值和以货币形式可衡量的价值实现由于种种原因无法同步，企业间由此产生的交易方式才是商业信用。同时，商业信用作为一种交易方式，其基本特征在于预先或延迟交割货物款项及非同步交割对等价值。因此，商业信用也是一种短期融资方式。

实践中，企业信用也是被广泛使用的信用形式之一，并经常被认为是商业信用的别称，都被用来泛指一个企业法人授予另一个企业法人的信用。在某些情况下，企业信用可以作为商业信用的代称而使用；而在整体上，企业信用的范畴要包含商业信用，商业信用是企业信用的重要形式。一般情况下，若是企业主体间以商品（服务）赊销方式产生的信用，既可以被认为是商业信用，也可以被认为属于企业信用；若是非企业主体间产生的信用，则可能被认为属于企业信用范畴，但不能被认为属于商业信用。

(二) 商业信用的特征

商业信用的本质在于：一方面，商业信用出现在商业交易过程中，是一种企业间的买卖（交易）互动，因而与纯粹意义上的货币以及实物形式的借贷行为有所区别；另一方面，在交易过程中，商品使用价值属性与可以用货币衡量的价值的转移非同步实现，因此商业信用具备借贷行为的特征，从而与钱货现场轧差结清的现货交易不同。

商业信用除上述两方面本质特征外，还具有其他特征：

第一，商业信用与经济运行密切相关。商业信用是在商品交易过程中发生，与商品交易范围与规模息息相关，商品交易范围与规模随着经济的高涨与衰退呈现繁荣与萧条。由于商业信用与商品交易的密切相关性，商业信用也随着经济运行状况而变化。在经济繁荣阶段，社会投资增大，工业生产增长，商品流通扩大，以商业信用方式出售的商品增加，商业信用规模随之扩大。反之，在经济危机阶段，社会投资紧缩，工业生产下降，产品严重积压，商品流通阻滞，商业信用随之缩小。

第二，商业信用是一种直接融资行为。商业信用是交易双方以货币或商品形式进行的借贷行为，是一种融资活动。但这种融资活动不同于金融机构的借贷行为，发生商业信用的双方都是企业，是以交易的商品为中介，以货币形态（如预收预付货款）或以商品形态（赊购赊销）提供信用。商业信用提供者授予信用主要是为了商品交易，而不是为了获取利息。商业信用的直接融资性，体现为交易双方直接发生信用关系。

第三，商业信用具有融资双向性。商业信用与银行信用不同，银行信用是指银行或其他金融机构以货币形式提供的信用。银行信用是一种单向性融资，由银行向经济主体提供信用（贷款），或经济主体向银行提供信用（存款），而商业信用则可以双向融资。发生商业信用的双方可以互为对方提供信用。例如，甲方可以为乙方提供货币形态或商品形态的商业信用，乙方同时也可以为甲方提供商品形态或货币形态的商业信用。商业信用的双向性融资特性，把多个债权债务关系联结起来，形成了债权债务锁链。

第四，商业信用具有互惠性。在商品交易中，商业信用的提供者一般不收取利息，只为完成商品交易。授信方与受信方"两厢情愿"，同得实惠，以利于双方扩展生产经营。

第五，商业信用的授信与受信方式灵活。发生商业信用的双方可以根据不同情况,在采购招标、销售经营、贸易融资和履约管理等多个环节灵活提供或接受不同方式的商业信用。

第二节 商业信用风险

一、商业信用风险的内涵与特点

(一) 商业信用风险的内涵

商业信用风险是指在商业信用交易中,企业的一方不能正常履约或不能全部履约而给另一方带来的风险,在本质上是一种损失的可能性,表现为风险发生与否、发生时间、发生原因和潜在损失多少等的不确定性。常见的商业信用风险包括客户拒绝付款、拖欠货款、无力还款、不能足额偿付货款,授信方不能按时保质交货和拒绝提供货物等情况。

商业信用风险是一种双向性的风险,会同时影响授信方和受信方,最终给信用交易双方带来损失。在商业信用中,销售方面临客户可能拒付的风险,采购方面临客户方不予交货的风险。商业信用管理技术就是从授信方的角度出发,帮助授信机构规避因客户违约带来的信用风险,提高授信的成功率,其中不按时保质交货和客户到期不付款的风险是企业最主要的信用风险形式。从供应链管理的角度,商业信用风险主要包括现金周转风险和坏账风险。

1. 现金周转风险。现金周转风险是指由于客户不能按时足额偿付货款或拒绝付款,使企业的资金不能按时回笼,出现现金周转困难的风险。企业一旦出现现金短缺问题,必须抽用其银行存款或从银行贷款来支付供应商的账款、生产费用、员工工资和税款等费用,从而导致其融资成本增加或拖欠供应商货款,形成"三角债"。严重的资金周转风险会导致企业间债务恶性循环,影响企业的信誉,最终束缚企业的发展。

2. 坏账风险。所谓坏账,就是客户拒绝提供货物或不按时保质交货、拒绝付款或已经完全丧失付款能力,导致无法收回的预付或应收账款。无论是逾期应收账款还是坏账,其损失都并不仅限于实际发生的货款损失,严重的是其带来的恶性连锁反应。逾期应收和预付账款影响企业的资金周转,增大企业的融资成本，进而影响企业的盈利水平；坏账则需要企业额外增加几倍的销售额才能弥补。坏账产生的恶性连锁反应，导致企业缺少原料、生产材料、资金而不能按时生产经营往往会损害企业的总体目标，如果坏账太高，则直接影响企业的正常生产经营活动，对企业的生存和发展造成直接威胁。

（二）商业信用风险的特点

1. 综合性。各种金融风险、市场风险、政治风险、自然灾害风险、财务风险和采购风险等，最终都会通过信用风险体现出来，具体表现为信用交易中的违约行为，所以商业信用风险具有综合性。

2. 双向性。商业信用风险是一种双向性的风险，会同时影响授信方和受信方，最终给信用交易双方都带来损失。在商业信用中，销售方面临客户可能拒付的风险，而采购方也面临客户不予交货的风险。

3. 传递性和扩散性。在交易活动中，交易一方的信用风险可能导致另一方的信用风险；而另一方的信用风险又可能导致第三方的信用风险，最终形成一个"信用风险链"。在企业信用中，表现为债务人的信用风险可能会导致债权人的信用风险，而债权人的信用风险又可能进一步导致其他债权人的信用风险。

4. 累积性。由于商业信用风险具有累积性，即一方的信用风险可能会扩散到关联各方，引起总体信用风险的迅速增大。商业信用风险的累积性，从小的方面来说，如"三角债"；从大的方面来说，如信用危机、金融危机和经济危机等。

5. 隐蔽性和突发性。信用风险可以通过安排新的负债得到缓解，如"借新债还旧债"，使信用关系得到暂时维系，并使信用风险被隐蔽起来。但是，当信用风险积累到一定程度，又会突发性地显现出来，从而很难控制。

6. 不确定性。风险本身就是一种不确定性，但它是一种可以计量的不确定性。商业信用风险由于受交易双方道德水平、经营能力和努力程度等主观因素的影响，其不确定性更大，因而对其进行量化处理和客观评价的难度也更大。

二、商业信用风险产生的原因

从授信企业的角度来讲，商业信用风险产生的原因有四个方面。

（一）客户履约能力问题

1. 财务危机。客户由于财务状况恶化造成其拒绝支付或延缓支付货款，主要是客户在筹措资金过程中，由于未来收益的不确定性，其负债经营面临着资不抵债的潜在风险。财务风险的实质是客户负债经营所产生的风险，其大小与客户筹资数额的多少和投资收益率的高低密切相关。当客户的投资收益低于货币资金的时间价值，即低于借款利息率时，其经营就会出现负增长。借入资金越多、负债经营局面无法扭转的时间越长，客户企业的资金状况就越不佳，从而逐渐丧失履约能力。只有当客户投资收益率高于货币的时间价值，即高于借款利息率时，客户的负债经营才是可以获利的，才可以考虑向其提供适当的信用销售规模。

对于企业的生存发展来说，负债经营在所难免，借入资金必须按期还本付息，在未来偿还债务能力无法确定的情况下，就会相应增加企业的压力和负担，使企业面临资不抵债的风险，形成对债权人的财务风险。企业在生产经营的过程中，为了达到规模经济效益、实现经营目标，必须筹借经营性资金，进行负债经营。如果客户处于负债经营中，必须正确衡量其财务风险的程度，确切计算其风险的价值，并掌握其规律性，将财务风险控制在最小的范围内。

2. 经营不善。客户企业经营不善将导致债务不能及时偿还，甚至出现拒绝付款和拒绝供货的可能。客户企业产权关系不明确，权责不明晰，缺乏长远的发展战略，成本控制不力，管理机构设置混乱、层次繁多，所经营产品市场竞争力不足、过于多样化等，这些都会使企业出现经营不善的状况。而经营资金不能足额按时到位，企业的信用等级也会随着经营状况的恶化而逐渐降级。企业要适时减少对这类客户的授信额度，甚至停止对其采用信用销售的方式。

3. 客户破产。客户如果宣布破产，就不可能正常归还欠款和欠货，客户企业破产是造成信用销售坏账的一个主要原因。企业破产的原因是多方面的，有主动破产和被动破产之分。主动破产就是企业有目的的破产，或出于经营重组的考虑，或为了逃债。被动破产就是由于财务危机或经营不善所致，也可能是因为经济不景气、突发政治或刑事案件、被政府强制停业等。

企业对于客户破产风险的防范是比较困难的，但如果管理得当，对客户企业的运行状况追踪及时，是可以减少部分损失的。通常来说，绝大多数的破产企业在破产或者进入破产保护前的一段时间是有预兆的，除非客户遇到不可预见的突发事件和被政府勒令停业。如果授信企业设有对客户进行风险预警准入和实时动态监测的管理程序，可以及时发现诸如客户企业的重大失信行为和舆情、公共事件、财务状况不佳、经营状况恶化、主要经理人员或股东有变动等迹象，从而分析和判断企业的发展趋势和风险程度，及时采取应对措施。对于进入破产公告期的客户企业，及时掌握这一情况，在《破产法》规定的期限内申请参加破产清算，尽可能地挽回欠款损失。

（二）客户履约意愿问题

1. 贸易纠纷。在商业信用交易中，由于合同中的某些条款，如货物质量、货物数量、货物运输、售后服务、付款方式和时间等方面的分歧发生纠纷，而导致客户迟付货款或拒付货款。在实际中，货物质量和售后服务常常是产生贸易纠纷的最主要原因，由于交易前交易双方沟通不足，合同中的条款规定不明确，或者是签订合同的负责人并非货物发送的负责人，对于个别客户对货物质量提出特殊要求的信息并未及时传递下去，导致合同虽然签了，但货物仍然按惯例进行配送，货物质量的不合格直接导致客户拒付，甚至客户会对自身因此产生的损失提出索赔。

2. 恶意占用对方资金。客户恶意占用对方资金，通过申请展期延迟付款，达到低息融资的目的。恶意占用对方资金是产生商业信用风险的很重要的原因。由于企业的法制观念不强，存在"人情重于债"的现象，面对所谓的"人情"，不催收，更不利用法律手段保护自身的债权，甚至放弃债权。而面对本企业的资金周转问题，反过来采取同样的手段来拖欠对方或他人的债务，从而使债务关系变得极为复杂。

3. 蓄意欺诈。一些信用恶劣的企业，利用合同、票据以及预付定金、延期付款等方式长期拖欠，最后达到部分或全部占有对方货物、货款的目的。由于信用销售相当于是授信企业提供给受信企业的短期低息甚至无息资金融通，一旦合同签订，货物在受信企业手中，交易的主动权就在受信方，为了达到蓄意占用甚至欺诈对方资金的目的，其会采用各种手段，提出各种理由来长期拖欠货款，只偿还部分货款甚至不偿还货款。蓄意欺诈属于道德信用风险。

（三）客户企业外部因素

1. 国家风险。国家风险源于大量的受信客户都位于同一国家或同一类型国家，由于其政治、经济、货币等方面情况的变动而导致受信方无法正常履约。当一国政府遭受到来自国内外的政治威胁时，就产生了政治风险，局部地区或是整个国家内的叛乱、内战以及别国的入侵都会影响企业活动的正常进行，政治风险在长期信用分析中表现得较为显著。经济风险源于一个国家经济的不稳定、萧条，甚至是经济体系的全面崩溃，当一国经济衰退或不稳定时，将直接导致受信方收入不稳定，授信方就会面临是否向该国客户提供信用、是否应该对提供的信用额度作出限定以及是否调整该国或该地区受信者的信用政策。由于跨国公司和跨国银行使用不同货币为不同国家的客户提供信用，在进行跨国经营和跨国借贷时，外汇汇率的波动会造成货币风险，汇率的波动会导致债权价值下降或者受信方因无力偿还债务而产生坏账的风险。

2. 行业风险。行业风险源于大量的受信客户都属于同一行业，由于某种原因致使整个行业处于低迷或衰退，进而使行业内的大量企业面临破产，企业出现大量增加坏账、延付款行为增多等严重的信用风险。其中处在下滑、恢复和增长周期的行业风险最大，因为在未来的某一时期，目前尚未发生的衰退将不可避免地发生。

一个行业可能在相对较短的时间内进行重大结构调整，技术的进步有可能导致一个行业严重衰退甚至崩溃。此外，在开放型经济中，物美价廉的进口商品在市场上的出现也可能瓦解国内相关行业，这些都属于行业风险。同时，许多企业都位于特定行业的供应链（价值链）中，当供应链上游的生产企业不得不向处于下游的企业提供信用，而其抵御下游产品市场衰退的能力却十分脆弱，在实际经营中无法避免所面临的行业风险。

当行业处于经济萧条期时，常会面临更多的尖锐问题，有些行业的收入波动很大，销售量与经济周期密切相关，会随着经济周期的波动而同向或反向波动。如果其固定成本相对较高，将给该行业带来更高的破产风险。对经济周期较为敏感的行业有房地产、建筑、娱乐、旅游、酒店、餐饮和航空业等。企业应了解各个行业的特点，掌握其客户所处的行业情况。

3. 法律法规不健全。现行的商业信用相关法规对债务人履约的约束力度不足，对故意甚至恶意拖欠货款缺乏严惩的规定。商业信用法律法规的不健全和地方政府的执法力度不够，是一些企业得以长期、大额拖欠货款的原因之一。此外,对于一些小企业,其可能没有足够的金钱和信息资源来完成诉讼追捕并惩罚不履行债务的债务人,这样一来,客户很可能利用本国的法律体系来延期付款甚至拒绝付款。

(四)企业自身商业信用风险评估能力低下

商业信用风险不能有效控制的一个重要原因就是企业对自身和客户的信用风险管理和评估能力不足。很多企业都没有建立专门进行信用风险控制的信用管理部门,或者是由企业的其他部门来行使信用监管职能,没有引入专业、权威的第三方信用评级机构对采购招标、信用销售和风险预警等进行有效的动态管理,对客户产生的信用风险不能及时发现,更不能采取有效的措施来规避和转移。首先,信用信息数据采集来源不足,企业对客户的商业信用情况了解不足;其次,未对客户建立或健全信用信息档案,应付和应收账款的日常管理与监督未形成制度;最后,企业管理人员未掌握详细的交易情况,没有建立起信用风险预警机制,审批决策缺少依据,导致合同在签署的同时就已经是未来的损失。

第三节 商业信用度量

一、商业信用度量的概念

商业信用度量一般包含商业信用规模度量和商业信用风险度量。其中,商业信用规模度量主要用于衡量企业的流动性风险,且目前学界对商业信用规模的界定和衡量标准尚无法统一。本书所述内容范畴聚焦在商业信用风险度量。

商业信用风险度量是通过定性与定量分析衡量客户的按期还款意愿和到期付款能力,对企业商业信用风险的影响和后果进行的评价,包括对商业信用风险影响范围以及对商业信用风险发生时间的评价和估量等方面。商业信用风险度量发展脉络主要分为传统商业信用风险度量和现代风险度量两个阶段。传统商业信用风险度量方法包括专家评判法、信用评分法等,主要将财务信息作为度量依据,重点通过已发生的账面值分析风险大小。现代商业信用风险度量方法在此基础上加以改进,引用统计学、运筹学以及现代金融理论、仿真技术等相关领域最新研究成果，借鉴国际先进信用风险度量技术，增加了诸如 KMV 模型、Credit Metrics 模型等方法，另外现代信用风险度量除了重视财务信息，还关注企业经营信息特别是履约信息，考虑更多种度量要素。

商业信用风险度量是企业进行商业信用交易时衡量客户信用风险水平的方法和手段。例如，企业进行赊销必然要承担来自下游企业的信用风险，能否接受或拒绝赊销，以及采取的风险控制方法是否恰当、有效均取决于商业信用风险度量的及时性和准确性。这也是商业信用风险度量技术产生和发展的原动力。

二、商业信用风险度量的意义

商业信用风险度量是企业开展客户商业信用评价、应收账款管理、采购供应管理、供应链金融服务时使用的风险评价技术手段，在防范市场信用风险和维护市场经济的有序运行方面发挥着越来越重要的作用，对企业和市场发展具有重要意义。

（一）防范企业违约风险

任何一个企业的发展都离不开客户，客户既是企业实现利益的载体，也是企业的风险来源。在市场竞争日趋激烈的条件下，一些企业会采用积极的授信政策扩大销售规模，在此情况下，对客户信用状况的有效评估尤为重要。科学度量客户的信用风险，能从交易中获得最大收益，同时还能把风险控制在最低程度。

（二）为企业决策提供依据

在信用销售环节，具有资金优势的企业可以为其他企业提供资金支持，对于受信企业的还款意愿和偿债能力进行有效评价有助于授信企业制定合理的信用政策，最大限度地防范商业信用风险，提高企业资金的使用效率。在采购供应环节，企业对于客户的保供能力、履约能力、财务能力进行评估，制定合理的招采政策，有效防范商业信用风险。

（三）保障市场稳健运行

在商业信用管理过程中，商业信用风险可以通过再融资方式进行转移，例如应用账款质押、应收账款保理等。当其他投资方购买相应商业信用产品时，信用度量可以科学评估发行主体的风险状况，为投资者安全投资，取得可靠收益提供依据。同时,优质企业可以以低成本筹集资金,当企业的经营状况得到合理分析和恰当评价时,投资者会对企业的经营给予资金支持。可见,商业信用风险度量可降低资金供需双方的信息不对称和违约风险,保障市场稳健运行。

本章小结

信用既有经济含义,又有道德和心理含义。在经济层面,信用交易通常涉及资金往来,是否遵守信用直接影响到经济利益的得失。在道德层面,守信与否属于道德评价的范畴。不守信会引发负面的道德评价,从而对失信者形成道德压力;守信则会积累正面的道德评价,从而让守信者获得道德优势。在心理层面,信任是影响人们心理预期的重要因素。守信行为会带来安全、稳定和积极的心理预期;失信盛行则会导致人们对社会发展的消极预期。

商业信用本质上是一种特定的交易方式。换言之,并非所有的交易方式都可以定义为商业信用,只有企业在商品交易过程中产生的、商品的自然使用价值和以货币形式可衡量的价值实现由于种种原因无法同步,企业间由此产生的交易方式才是商业信用。商业信用具有五大特征:第一,商业信用与经济运行密切相关。第二,商业信用是一种直接融资行为。第三,商业信用具有融资双向性。第四,商业信用具有互惠性。第五,商业信用的授信与受信方式灵活。

商业信用风险主要包括现金周转风险和坏账风险,具有综合性、双向性、传递性、扩散性、累积性、隐蔽性、突发性和不确定性的特点。企业加强商业信用风险管理是提升其核心竞争力的一个有效手段。信用经济时代,企业之间竞争的不只是产品质量、服务和品牌效应,更重要的是信用销售手段和信用风险控制技术,企业的综合竞争力是其生存和发展的法宝。

商业信用度量一般包含商业信用规模度量和商业信用风险度量。本书所指商业信用度量为商业信用风险度量,即通过定性与定量分析衡量客户的按期还款意愿以及到期付款能力,是对企业商业信用风险的影响进行的评价,包括对商业信用风险影响范围以及对商业信用风险发生时间的评价和估量等方面。商业信用风险度量不仅可以防范企业违约风险、为企业授信提供决策依据,还能保障市场稳健运行。

本章要点

- 商业信用的内涵和特征
- 商业信用风险的内涵
- 商业信用风险的特点
- 商业信用风险的产生原因
- 商业信用风险度量的概念
- 商业信用风险度量的意义

本章关键术语

商业信用　商业信用风险　坏账风险　商业信用度量　商业信用风险度量

本章思考题

1. 简述商业信用的内涵和特征。
2. 简述商业信用风险的内涵和特点。
3. 分析商业信用风险的产生原因。
4. 分析客户履约能力的影响因素。
5. 如何理解商业信用风险度量?
6. 简述进行商业信用风险度量的意义。

第二章　商业信用风险度量要素

第一节　经营要素

一、竞争能力

企业的竞争能力反映企业的生产经营实力,是判断企业未来经营状况的关键因素,决定着受评企业的生存发展前景,对考察其信用风险水平至关重要。对于竞争能力的分析,主要包括规模和市场地位、业务和产品结构、技术水平和研发能力、采购渠道、销售渠道、经营业绩和经营效率六个方面。

(一) 规模和市场地位

通常情况下,在竞争性行业中,能力条件相同的情况下,规模和市场地位越高的企业可以取得更多的资源进行开发运营,大企业发展历史较长,抵御和防范风险的经验和手段更为丰富,维持经营稳定性的能力更强。同时,规模较大的企业,一定程度上能产生相应的规模效益,从而降低其生产成本,获取更高的利润空间。此外,规模和市场地位高的企业的社会影响力和知名度高,更易获得外部支持。另外,市场地位也是判断企业竞争力的重要参考指标,市场地位突出的企业一般是行业的领军企业,不但对行业发展有着重要影响,对上下游企业以及产品价格也具有较大的话语权。

分析规模与市场地位时,重点考察资产总额、收入和利润规模、产能及产量、产品市场占有率等在行业内的排名,以此作为企业竞争能力判断的重要依据。但是,企业规模不能单看企业资产规模的大小。一方面,需要结合行业供求状况和企业本身产能利用率情况，对所处行业供大于求或是产能利用率较低的企业，扩张资产规模可能并不能带来盈利的改善或市场地位的提升；另一方面，部分企业内部治理架构中单个经营实体并没有到达行业规模经营的最佳效益点，且内部各个经营实体之间也没有在采购、生产、销售、研发和资金使用等方面形成合力，这样的企业不一定具有较强的竞争实力，应进行深入分析和综合判断。

（二）业务和产品结构

不同业务领域或同一业务领域的不同细分产品，供求关系、竞争环境可能存在很大差异，因此企业的盈利能力及发展前景不同，对其债务的保障程度也存在差异。所在业务领域和产品多数盈利能力强的受评企业，通常对债务的保障能力强；所在业务领域和产品多数盈利能力差的受评企业，通常对债务的保证能力差。

业务和产品结构分析时，首先考量企业业务和产品的多元化程度及其协同性，多元化程度高、协同性好的企业通常经营的稳定性较强，其次考量其主营业务和主导产品的景气度、竞争力，最后综合多元化程度、景气度和竞争力表现对业务和产品结构进行评价。

（三）技术水平和研发能力

技术水平和研发能力是企业发展的根本。企业当前的技术水平反映了企业当前产品的竞争能力，而企业研发能力的强弱直接关系到企业的产品创新、技术创新、工艺创新和管理创新等能力，这在很大程度上可以综合反映企业未来的市场适应能力、产品竞争能力、成本控制能力等，并最终会作用于企业的经营管理，影响企业竞争能力和信用水平。企业的技术水平体现在生产工艺、设备自动化以及员工的劳动技能等方面，其决定了企业产能和产量的高低、产品质量的稳定性以及生产成本的竞争优势。企业的研发能力越强，技术水平上升速度越快，企业产品更新和市场竞争优势越明显，未来发展潜力也越大。

分析技术水平和研发能力时，将企业当前的主要生产技术与行业主流的生产技术进行比较，通过产品性能、生产效率、成本费用等指标对比，判断其在行业内的水平；对企业研发能力的考察要从现在研发机构设置、研发人员素质、研发经费投入、研发成果水平等方面进行分析，通常，企业研发人员素质越高、研发经费投入规模越大，企业研发能力就越强。此外，还需要考虑企业技术更新周期与行业情况的对比，对于技术密集型企业，行业整体科技进步周期短、速度快，不能紧跟或者超越行业技术进步速度的企业在竞争中所面临的考验将更加严峻。

（四）采购渠道

对生产企业而言，原材料采购渠道稳定性及采购成本是影响企业盈利能力的重要因素之一。采购渠道稳定且议价能力强的企业，不但能保证企业生产经营的稳定性，同时还能保证其比行业内其他企业获得更大的盈利空间，从而对产品价格波动的承受能力也更强，更能够承受行业下行时期价格下跌的压力，自然具有较强的竞争能力和更高的信用质量。

在对采购渠道进行分析时，重点考察企业近几年在采购管理办法、供应商管理制度、采购渠道、采购集中度、采购价格和原材料运输成本等方面的情况，综合判断企业原材料保障的稳定性、采购价格控制能力和原材料运输成本等方面的竞争优势和不足。

（五）销售渠道

企业的长期发展有赖于能够为客户提供其所需要的商品和服务。因此，企业销售渠道的搭建和维护对企业的长期稳定发展和未来盈利能力的保持至关重要。特别对于制造企业，销售是其发展命脉，企业在销售方面做得不好会导致企业产品积压，资金不能及时回流，如果长期如此就很容易导致债务违约的发生。

在对销售渠道进行分析时，首先考察企业在销售渠道和市场网络方面的建设情况，判断企业当前销售渠道和市场网络方面的布局状况是否与企业当前生产规模匹配，其次关注企业在下游客户集中度和客户关系稳定性方面的情况，以这两者为基础判断企业经营的稳定性，最后分析近几年企业主要产品价格的变化情况，判断和预测企业未来产品盈利能力的变化趋势。

（六）经营业绩和经营效率

企业的经营业绩一定程度上可以通过企业的发展速度来反映。考察企业的发展速度，重点关注企业总资产、净资产、营业收入及利润的增长速度。企业总资产的增长一方面可以反映企业经营规模的扩张，另一方面也可以在一定程度上说明企业市场地位的提高。企业营业收入和利润的增长可以反映其收益增长情况，营业收入的提升可以反映企业市场份额的提升，代表企业市场竞争力的增强，利润的增长则可以在更大程度上显示出企业获利能力的提升，利润的提升伴随现金流入的增加，有助于提高企业的偿债能力。但是，资产的增长应该与收益的增长相匹配，如果资产的大幅扩张并没有带来利润相应幅度的提升，那么就需要警惕企业资产的增长质量，过快的增长可能伴随债务的大幅提升，增加企业的偿债压力。一旦经营环境恶化，经营不达预期，企业的信用风险将急剧抬升，甚至可能威胁到企业生存。对一般企业而言，适宜的发展速度应尽量略高于行业平均水平，并且保持其收益质量的同步提升。

企业的经营效率主要是考察其资产运营状况。可以从资产周转速度、存货周转速度等方面进行考量。经营效率的考量不同于经营业绩，并没有统一的判断标准，不仅行业间差异很大，甚至同行业内不同规模的企业间差距也非常显著。因此，对于经营效率的考察，需要对比行业内相近规模的企业，从而对受评企业作出更加准确的评价结论。

二、管理与战略

企业是否有足够的现金偿还债务，最终取决于企业管理层及其管理体系是否能够最大限度利用所拥有的资源，并把握市场机遇。企业管理是在既定治理模式下，管理者为实现企业目标（包括获取偿债来源）采取的行动。企业管理是对企业内部的人、财、物及相关信息进行计划、组织、领导和控制。企业管理水平越高，其运营效率就越高，相应就有更高的信用水平。企业战略对企业发展的稳定性和成长性影响重大，决定了企业能否在可预见的未来有效组织其生产经营，从而更好地获取资源、产生利润。管理有方、战略得当的企业，一方面管理风险小，另一方面可以更好地抵御市场风险。

对于管理与战略，重点考察企业的法律地位、法人治理结构及组织架构、管理层行为和管理层激励约束机制、管理制度和执行情况、信息披露透明度与质量、发展战略及重大事项六个方面。

（一）企业的法律地位

对于企业的法律地位，应重点关注两个方面。一是企业的产权情况，主要考虑企业产权是否明晰、股东对企业的控制力度、企业的自主性、股东的规模及可能给予的支持力度和支持意愿。二是企业的母子公司和兄弟公司关系。随着经济不断发展，越来越多的企业开始建立较为复杂的母子公司和兄弟公司关系，因此，需要对受评企业的法律关系进行深入分析。母子公司关系角度，越是母子公司关系紧密的企业，子公司的成功运营对母公司越是不可或缺，因而母公司对子公司的干涉就越强，而子公司的信用违约对母公司的影响也就越强烈。对于没有实质性经营业务，举债主要是为了支撑子公司业务发展的母公司，一旦其子公司经营未达预期，母公司可能面临更大的生存威胁。兄弟公司关系角度，兄弟公司之间可能会存在较为普遍的资金挪用或信用担保情况，一旦兄弟公司出现经营问题，可能会对受评企业信用风险水平产生较大影响，因此兄弟公司关系也是关注重点。

（二）法人治理结构

法人治理结构是指企业的出资者和管理人之间的制度安排，对企业未来业绩和长期发展以及信用风险水平有着重大影响。对于法人治理结构不完善的企业，不但会导致企业经营决策有较大的随意性，同时有可能导致企业资产和资金的随意划转，对企业未来偿债能力将构成较大影响。而拥有良好法人治理结构的企业在受到外部经营环境的不利影响时，更容易扭转经营困境。

分析企业法人治理结构，需要重点关注企业的股权结构，股权结构是公司治理的基础。不同股权结构下的企业，股东行为可能存在差异，公司治理的侧重点也有所不同。股权结构即公司总股本中不同性质的股份所占的比重及其相互关系，一般而言，由于企业面临的法律环境、行业特点、管理层素质存在差异，所以并不存在唯一最适度或最优的股权结构，不同的股权结构决定了不同的企业治理模式，从而会影响企业的行为和整体经营效率。

对股权结构的分析包括企业股权的分散程度，过度的集中或是分散都不理想。股权较为分散的情况下，股东与管理层通常分离度较高，此时公司治理的核心为股东与管理层的委托代理冲突，可能引发控制权不稳定甚至发生实质变更；股权较为集中情况下，大股东或控股股东对企业的控制能力强，可能面临大股东恶意掏空企业的股东行为。针对这个指标，重点分析前五大或十大股东的持股比例，从而判断企业经营的独立性，企业股权结构、股东实力和后续资源是否可以帮助企业长远发展。同时，关注公司治理结构是否完整，内控制度是否能够有效监督企业股东会、董事会、监事会等的构成及职责履行情况。

另外，企业发展的不同阶段对企业的治理结构有不同要求。要分析企业当前的治理结构是否能适应企业当前发展的需要，决策机制和决策执行是否有效。在具体分析中，可通过对企业历史的研究，考察企业应对经营困境的方式，通过对经营计划和实际完成情况的对比考察企业实现目标计划的能力，通过企业规章制度的分析考察对企业管理层行为的监督和制约机制。

(三) 管理层行为和激励、约束机制

企业的管理团队和人员素质是决定企业未来生存发展和信用状况的最重要因素之一。企业是否具有产生足够现金流以偿还债务的能力，最终取决于管理者和企业员工能否最大限度地利用现存资源和市场机遇，也取决于管理者是否具有应付可能出现不利情况的能力。对一般企业，管理团队的分析重点是企业主要管理者的从业经验和历史管理业绩，特别是管理团队对过往突发事件的处理方式和危机公关行为，企业主要领导层对信用问题的观点和作风在很大程度上决定了企业的偿债意愿。此外，还需要关注管理层的稳定性。对于中小企业，重点分析管理者的社会关系或技术水平，判断其对企业发展可能带来的潜在影响。

对于管理层的激励机制主要为薪酬激励。如果公司对管理层的薪酬采用短期、固定、单一的激励机制，不与公司业绩增长挂钩，则容易产生管理层侵害公司利益的道德风险，如增加在职消费、通过关联交易设立小金库进行贪污腐败，并直接侵害公司股东及外部债权人的利益。为克服管理层利己行为，现代治理结构下，公司通常采用长期、多元的薪酬激励机制，将管理层薪酬与公司长期增长的经营业绩挂钩，使管理层的利益与公司长期发展相结合，在经营管理中采取更为稳健的经营、财务战略，更好地服务公司发展，保障公司偿债来源，从而保护债权人利益。约束机制方面，除公司及股东设计的与激励机制相对应的约束机制以外，债权人作为外部人，为保护自身利益，也可以在相关的债务文件中列明相应的管理层约束机制，防止管理层过度投资、激进举债、侵蚀偿债资金。例如，明确要求在公司进行大额投资时需经债权人同意通过，设定融资上限防止管理层过度举债等。债权人设立管理层约束机制可适当约束管理层行为，保障自身利益。

（四）管理制度及执行情况

企业的管理涉及运行的方方面面，组织机构的设立是为了使企业能够正常运转，具有明确责任和目的。企业管理制度是否健全，管理制度的执行情况如何，这些是影响企业经营效率的重要因素。分析企业的管理制度，首先需要考察企业各经营管理部门的设置是否能够适应企业的发展战略、职责是否明确、是否能够相互协调以及是否可以有效控制风险。对企业管理制度建设和执行情况的分析要关注企业采购、生产质量、销售、财务、人员激励方面的制度建设和执行情况，重点分析企业的质量管理、安全管理和资金财务管理。该部分的分析需要考虑企业管理制度的执行情况，不能单纯看制度文件。有关采购制度的执行情况要结合采购成本和质量控制情况来加以评价；生产质量管理是现代企业管理的基本功，涵盖企业生产经营的全过程，生产制度的执行效果要结合企业的质量认证资格、产品报废率、产品质量来加以评价；销售制度执行情况要结合企业产销率、产成品积压程度来加以分析和判断；财务制度重点关注企业资金管理权限、对外担保和投资管理对于企业信用风险的影响，应收账款回收和控制风险，以及预算管理及执行考核；人员激励制度执行情况要结合企业员工实际感受加以分析和判断。

（五）信息披露透明度与质量

及时、透明的信息披露是公司治理稳健的标志，不及时发布信息报告往往标志着企业治理机制存在一定缺陷。同时，在企业主观存在粉饰财务数据动机、客观外部监督不力背景下，部分企业尤其是民营企业财务信息质量问题较为严重，因此在评价民营企业公司治理时，更需关注财务信息的真实性。实务中，多家发生实质违约的企业均不同程度存在延期披露年度审计报告甚至存在严重财务造假问题。在评价信息披露透明度和质量时，重点关注企业是否及时准确披露监管处罚等重大不利信息、是否延期披露定期报告、是否经常进行重大会计差错调整、是否频繁更换审计机构、是否被出具非标准无保留审计意见、财务数据的真实性等。具体而言，包括以下几个方面：企业未能及时、准确披露监管处罚等重大不利信息；企业频繁变更审计机构；审计机构出具非标准无保留意见审计报告；审计机构同时向企业提供其他咨询服务，可能影响审计结论的独立性和有效性；有迹象表明企业财务数据真实性存在问题。

（六）发展战略及重大事项

企业战略主要包括总成本领先战略、产品差异化战略和目标集聚战略三种，采用总成本领先战略的企业选择通过降低生产成本来获取竞争优势，主要依靠大规模生产；运用产品差异化战略的企业必须保证产品在功能、质量或设计等方面的独特性，从而吸引消费者为其支付产品溢价；而采取目标集聚战略的企业，聚焦特定的顾客群体或目标市场以取得竞争优势。三种经营战略都有其各自的经营风险和适用对象，企业经营战略的制定需要企业对未来行业技术动态、政策方向、消费者行为变化以及竞争对手的战略措施充分了解，并且明确自身竞争优劣势。企业战略体现管理层对企业的发展构想，决定了企业的未来发展方向，反映企业的进取意识与风险意识。企业是否制定了明确的发展战略，其战略目标是否可行，是否与企业自身实力相匹配，具体实施情况如何，这些因素将导致企业未来竞争能力和债务负担发生变化，进而对企业发展和信用水平产生较大影响。

分析时要重点关注企业在建和拟建项目的设计产能、产品的市场需求及价格、资金来源及安排、项目建设进度、产品销售配套措施等方面的情况，判断其实现预期目标的可行性及投资风险，关注项目资金来源和实际落实情况以及资金缺口规模，考察项目延期可能导致的成本上升收益不达预期的影响，分析其建成之后对企业债务负担和盈利能力的影响。另外一些如并购、重组、特殊市场因素变动等对企业影响难以合理准确预测的因素，在事情没有成定局之前，也应该本着谨慎的原则在发展战略中作合理分析和判断。

第二节　财务要素

一、资产质量

资产质量分析是企业财务分析的起点，企业资产质量越高，其短期支付能力就越强，资产的长期运营效果也越好，资产和盈利对债务的保障程度也越高，从而可以降低企业整体信用风险。对企业资产质量的考察包括结构和质量两个方面,其中结构分析主要是针对各项资产在总资产中的比重进行分析,质量分析是针对各项资产的实际资产价值、流动性、安全性和盈利性进行考量。

(一) 资产结构

资产结构的分析重点是各资产科目的占比情况,对于比重较大的资产科目需要重点关注和分析。同时,不同行业由于运营方式的差异,各资产科目的规模差异较大,对于企业资产科目的分析还需要结合行业情况作出判断。例如,房地产企业通常情况下存货规模都比较大,对于主业是房地产而存货规模比较小的企业,需关注其经营的可持续性;钢铁行业属于重资产行业,固定资产和在建工程等科目的规模相对较大;高新技术企业则受专利较多等影响无形资产科目比重较高。除了对各资产项目在某一时间点的分析外,还需要对各资产科目的年度变化情况进行分析。对于增加或减少幅度较大的资产科目,需要结合企业的收购、并购或资产出售、产能扩建等情况相互核查,从而更加准确地把握企业资产和经营的变化。特别是对于虽然收入规模有所提升,但货币资金并没有显著变化而应收账款或是其他应收款科目突然增大的企业,需要关注其收益质量和流动性的问题。

(二) 资产质量

资产质量的分析重点是在企业资产中占比较大的科目。其中流动资产分析和判断的出发点是企业资产的变现能力和价值的合理性,重点关注存货、应收账款、其他应收款的变现能力。对存货的变现能力要考察存货的构成、市场价值和周转率,存货中原材料占比过高可能会导致超期贬值,而产成品过多,可能反映产品积压问题,需要关注企业的销售周转环节,存货跌价准备及提取的根据也需要重点关注;应收账款是明确可以变现的资产,是企业偿债的重要资金来源,对应收账款的变现能力要考察应收账款的账龄和周转率,账龄结构越长,则坏账风险越大。对于应收账款比较集中的企业要重点分析应收账款实际支付人的经营及资信状况,从而确定公司应收账款的实际回款风险;其他应收款主要是企业的内部往来款,对于其他应收款的分析方法基本上和应收账款的分析方法一致,重点分析判断企业是否具有非正常的资金往来,关注企业的资金占用情况。

对于非流动资产的分析重点是在建工程、固定资产、无形资产。对在建工程的分析主要是了解在建工程的总体规模、建设进度和建设资金实际到位情况，部分企业经营状况不佳时往往将在建工程一直挂在账上，通过减少折旧来优化企业的盈利状况，分析时要重点关注。对固定资产的分析重点是了解企业折旧期限和政策是否合理，固定资产的账面价值和实际价值是否一致。对无形资产的分析重点是判断无形资产价值估算是否合理，很多企业为了做大资产规模往往将很多无形资产评估值做大，部分无形资产变现能力很差，分析时要重点关注，此外，需要关注其中专利技术的使用情况和受保护程度。

二、资本结构

资本结构是企业资金来源结构的反映，对企业财务风险有着重要影响，债务负担重的企业偿还债务的压力较大，信用风险也较高。此外，债务结构不合理的企业还有可能引发阶段性财务危机或者产生不必要的资金成本。对资本结构的分析应重点关注资金来源、资金成本、债务期限结构以及或有负债四个层次内容。

（一）资金来源

企业的资金来源包括所有者投入及负债。所有者权益在资本结构的分析中至关重要，是企业偿债的重要保障基础。对于所有者权益，关注所有者权益的构成和变化情况，以及利润分配政策对所有者权益的影响，少数股东权益占比过高可能存在权益稳定性较差或明股实债问题，可能会影响企业实际债务规模和偿债压力。所有者权益的增加可以通过利润积累、增资扩股、资产评估等方式，对于新增权益需要核查其切实来源，权益的增加如果主要是资产评估增值，需谨慎分析。

不同行业由于运行模式区别很大，企业债务负担的规模也存在显著差异，企业当前债务负担的轻重程度必须通过行业内比较加以分析和判断，而对于企业债务负担的变化趋势的分析，需要特别关注企业的债务负担持续上升而盈利能力没有显著改善时，其具体原因及影响是什么。对负债科目的考察，短期借款的规模及其资金成本很大程度上影响着企业短期支付能力的强弱，不能如期偿付本息的企业可能会不断积累财务费用，侵蚀企业盈利，甚至导致企业破产。应付账款重点关注其付款期限以及是否存在宽限期，企业在现金流较为紧张的情况下，如果可以得到供应方的时间宽限，可以极大缓解企业短期偿付压力。对于长期借款，企业长期借款的绝对规模、偿还期限的集中度和高峰时期的偿还金额会对企业的长期偿债能力产生重大影响。

此外，企业的债权融资渠道包括银行贷款、债券融资、信托融资和金融租赁融资等多种方式，各种融资渠道对企业的基础要求以及能够提供给企业的融资成本存在显著差异。因此，在对企业负债结构进行分析时，还需要关注企业所采用的债务融资方式。通常情况下，银行贷款和公开市场债券融资对企业自身资质要求较高，如果企业负债攀升的同时伴随着银行借款或是公开市场发债的减少以及其他债务融资规模的增加，则说明企业可能存在无法取得有效银行信贷额度，或存在较大债务周转压力。

（二）资金成本

分析企业资金成本的高低，一方面，关注企业当前时点的资金成本。由于各行业景气度以及行业债务规模差异很大，行业间资金成本的可比性不高，因此可以对比企业与同行业相近规模企业的资金成本。对于资金成本显著高于其他企业的受评企业，需要特别关注其潜在经营风险及盈利稳定性，一旦盈利下滑，财务费用对利润的侵蚀可能会导致企业经营雪上加霜。此外，资金成本高的企业其承受成本进一步抬升的弹性更差，资金链断裂压力更大，需要关注其目前的债务结构以及实际可获得的信贷额度等融资空间对未来的支撑。另一方面，还需要关注企业资金成本的变化趋势，如果企业资金成本持续走高或是突然大幅抬升，需要对原因进行深入分析。行业性普遍盈利下滑导致的资金成本抬升或影响一定时期企业的资金成本，提升其债务周转和费用控制压力，但市场也会形成对行业未来触底反弹的预期，从而对企业目前的经营困境容忍度提升，一定程度上减轻企业再融资难度。但如果是由于企业大规模激进扩张等经营战略问题导致的融资成本抬升，则可能压缩企业融资空间和渠道，从而引发信用风险。

（三）债务期限结构

企业当前债务结构是否合理，主要分析企业长、短期债务占比情况，并结合企业的资产结构和销售收入的规模来判断。同时，不同行业的企业，其债务结构明显不同。比如，贸易和零售行业的负债都是短期为主，重点关注企业的债务周转压力；而房地产行业负债则主要是长期债务，如果房地产企业短期债务占比过高则可能存在债务的期限错配，一旦销售不达预期，企业将面临较大债务周转压力。对于债务期限结构的关注也需要结合变化趋势进行考察，短期债务规模突然出现大幅增加的企业，可能面临难以取得长期借款的困境，需要关注其债务周转压力和融资渠道的变化，还可以结合资金成本进行分析。

（四）或有负债

对于企业债务的分析，还要判断企业对外担保、诉讼等或有债务对企业债务负担的潜在影响。或有负债主要是企业对外提供的借款担保，虽然并没有反映在企业的资产负债表中，但是对于有些或有负债，企业所负有的偿还义务实质上等同于其资产负债表中的债务。一旦被担保人无法偿还到期债务，受连带责任影响，企业自身偿债压力可能会瞬间增大。若或有负债数额较大，叠加受评企业自身抗风险能力差，大规模的或有负债发生则可能引发受评企业流动性风险，甚至爆发信用风险。分析或有负债，需要了解企业担保规模、担保的性质和期限，以及是否存在反担保条件等，在可能情况下，还可以适度了解被担保企业的经营情况。而诉讼等重大事项也是信用分析的重点，一方面，事件本身可能产生重大的支付要求；另一方面，事件可能对企业声誉造成负面影响，从而影响企业的融资弹性。

三、盈利能力

企业盈利能力的强弱是决定企业未来债务偿还能力的基础。一般来说，盈利能力强的企业在承受相同债务压力的情况下，财务风险相对较低，而盈利能力弱的企业财务风险相对较高。对于企业盈利能力的分析，包括收入利润分析、收入质量分析和盈利能力分析三个方面。

（一）收入利润

对于企业盈利能力的考察，首先要进行收入利润分析，一方面要关注收入和利润的规模和构成来源，另一方面要考察收入和利润的稳定性以及增长变动情况。企业的营业收入一般由主营业务收入和其他业务收入构成，主营业务收入占比高的企业其收入稳定性更强，而其他业务收入占比高的企业则可能面临主营业务不突出、市场竞争力不强的问题。营业收入规模的持续稳定增长一般可以表明企业经营基础较为稳固，同时具有良好的发展趋势。对于主营业务收入占比高的企业，主营业务收入的水平、比重和变动情况有助于整体把握企业收入的稳定性和增长能力，同时也可以反映出企业收入的异常变动。企业营业外收入大多受偶然性因素影响，稳定性较差，而企业投资收益受其投资决策水平影响，主要依赖投资项目的获利能力。

在对企业的收入状况充分了解的基础上，还需要对企业各项业务的成本、费用水平与收入的匹配程度进行考察。企业可能出于虚增盈利的考虑而隐瞒成本费用的实际支出情况，也可能出于降低应税所得的考虑而人为增加成本费用的规模。此外，还需要关注企业成本费用的变动趋势，从而判断企业盈利水平的可靠性和盈利结构的合理性。

（二）收入质量

对于收入质量的分析，采用量价分析和现金收入比分析。量价分析即判断企业收入增加的原因是销量的增加还是价格的增长，以及背后的逻辑。对于主要由销量上升引起的收入增加，需要关注销量的增加是否为降价促销导致的，企业靠降价来换取销量的促销活动对毛利有多大影响，以及如果促销停止销量的回落规模。此外，销量的增长还可能是因为企业的信用政策放松，如给客户的赊销期增加，那么销量增长的代价是营运资金效率的降低，就需要评估这样的资金占用对于企业整体利润率和资产收益率的影响。对于主要由价格上升引起的收入增加，则需要分析价格上涨是由于企业自身产品竞争力的提高、市场供需关系的变化或是成本增加带来的价格上涨。

现金收入比是销售商品、提供劳务收到的现金与销售收入净额的比值，现金收入比主要反映企业销售收入的实际到账情况。指标值越高表明企业通过销售活动收回的现金规模越大，销售收入实现后所增加的资产转换现金速度越快，企业收入实现质量越高，反之，则表明企业收入实现质量较差。同时，现金收入比在某种程度上也可以对企业的资产流动性进行反映，丰富而稳定的收益和现金流入量是企业资产流动性强的基础和保障，有利于提升企业的信用质量。

（三）盈利能力

对企业信用水平的分析重点在于在企业财务紧张的情况下，对企业获取外部资金的能力的考量，而盈利能力是企业获取外部资源能力的基础。盈利能力分析的重点是企业成本费用的约束程度和收益增长的变化趋势，即企业盈利能力的强弱及其稳定性。其中盈利能力的强弱主要通过毛利率、总资产报酬率等指标进行衡量。要分析企业过去几年和现在产品结构及对应的产品毛利率的变化，剔除不同企业折旧政策差异对企业毛利率的影响，并结合企业未来发展方向和产品价格波动情况，预测企业未来毛利率的变化。总资产报酬率反映企业全部资产的获利能力。同时期间费用的占比和变化情况也应该进行同业比较并判断其对盈利能力的影响。对于盈利稳定性的分析，要区分经营性盈利和非经营性盈利对企业的影响，对于投资收益、营业外收入等非经营性盈利项目要重点考察其稳定性，一般要本着谨慎的态度进行判断；同时要结合产品价格波动和企业近几年盈利的波动情况判断企业经营性盈利的稳定性。

四、现金流能力

现金流是企业自身偿还债务的真正来源。如果企业现金流状况不理想，即使其盈利能力很强，也无法对需要偿还的债务形成有效保障，而且现金流相对于利润，财务可操纵性低，更能够反映企业经营的真实变化。因此考察企业现金流状况是企业财务风险分析的重点，主要包括现金流量的规模和结构，以及企业现金流质量。

（一）现金流规模和结构

企业现金流包括经营活动现金流、投资活动现金流和筹资活动现金流。企业在一定时期内可支配的现金与其需要偿还的全部债务的规模对比，可以表明其在持续经营中获取的现金对全部债务的覆盖程度，覆盖程度越高，表明企业偿还债务的能力越强，其信用质量也就越高。首先，从企业自身的偿债资金来源看，经营活动现金流是企业偿还债务的重要来源，因此需要在分析中重点考察，对比销售商品、提供劳务收到的现金与购进商品、接受劳务付出的现金规模，可以反映企业的销售利润规模和销售回款情况；对比销售商品、提供劳务收到的现金与经营活动流入的现金总额，可以判断企业主营业务是否突出；对比本期经营活动现金净流量与上期净流量，可以说明企业成长性。此外，企业经营活动现金流入量规模的大小能在一定程度上反映企业资金周转能力的强弱。其次，对于投资活动现金流的分析，企业未来投资支出的规模大小是企业未来现金流出的重要方面，但不能单纯考虑现金的净流入或流出状态，需要结合投资项目的成长性综合判断。最后，历史筹资活动现金流入量能在一定程度上反映企业的融资能力，但是筹资活动现金持续大规模净流入的企业其债务偿还压力也更大。

（二）现金流质量

如果企业经营活动产生的现金流量不够充足或是不稳定，可能会影响企业的偿债能力。经营现金流要分析企业经营性总现金流量、经营性净现金流的规模及波动情况，判断企业通过经营获取现金能力的强弱及稳定性。对于经营性现金流波动较大的企业或者经营性净现金流与企业利润差异较大的企业要分析具体原因；企业投资活动现金流量的分析要重点考察企业未来几年建设项目的资本支出计划。在自有资金有限的情况下，如果投资增长过快，企业对外借款必然相应增加，需要结合企业项目投资的资金安排、企业资金自筹能力综合判断企业建设资金缺口以及对未来偿债压力的影响；筹资活动的现金流分析主要结合企业近几年筹资活动现金流净额的变化情况判断企业融资能力。最后，依据企业整体资金来源和资金应用判断企业筹资的压力。

五、偿债能力

偿债能力指标的分析是企业财务分析的综合，旨在综合资产质量、资本结构、盈利能力、现金流量分析的结论，通过偿债指标综合评定受评企业财务风险的高低，是支持企业财务风险分析结论的关键因素，是度量时必不可少的考察要素。企业负债既包括银行借款、企业债券等借入性负债，也包括预收账款、应付账款等经营性负债。一般情况，借入性负债比经营性负债的约束性和偿还刚性更强，因而企业的偿还压力更大。因此，在对企业的偿债能力进行分析时，主要侧重于企业对到期有息债务的偿付能力。在具体分析时，对企业偿债指标的分析分为短期偿债指标和长期偿债指标两部分。

（一）短期偿债分析

对企业短期偿债指标分析，首先要考察可变现资产对企业短期债务的保障程度，其次要区分短期债务周转和偿还的概念。对于能够顺利实现债务周转的企业，即能够筹集到足够的资金偿还到期的短期债务，这时的短期债务偿付其实是一个资金周转概念，并不需要真实偿还；而如果企业无法实现债务滚动，则需要缩减债务规模，此时应将短期债务当成偿还来加以分析和判断企业的流动性压力。在分析企业短期资金周转能力时，可以考虑企业短期可变现资产和经营性现金流入量对短期债务的保障程度，如果是分析短期债务偿还，应分析短期可变现资产和经营活动现金流净额对短期债务的保障程度。

（二）长期偿债分析

对企业长期偿债指标的考察主要集中在企业长期偿债资金来源对于长期债务和利息的保障程度。对于一般企业而言，经营性现金净流量往往是企业偿债资金的重要来源，但投资公司的偿债资金来源往往是投资活动现金流入，应根据企业的实际情况区别对待。同时，由于受短期经营策略的影响，企业某一期的经营性现金净流量往往不能反映企业长期的经营性现金净流量的情况，这时不能简单采用当期的经营净现金流量对债务规模的比率判断其长期偿债能力，可选择反映企业长期资金来源的EBITDA作为企业长期的偿债资金来源数量进行计算。对于长期偿债指标的评价标准应结合行业整体状况，重点参考行业的折旧期限，旨在判断企业在一个经营期内是否能通过自身经营积累足够的资金来偿还需要偿还的所有债务，而对于那些经营期限受限制的行业要将企业偿还债务的年限与受评企业未来的可经营期限进行比较，判断企业在可经营期限内是否能积累足够的资金偿还其全部债务。

将企业的偿债能力拆分成长期偿债能力和短期偿债能力分别分析是为了使分析更加清晰，但对于债务结构不合理或者账面上存在大量货币资金的企业，这种拆分后的分析结论可能和企业实际情况不符，应综合加以判断。

为了更好地对企业的偿债能力进行分析，可以采用压力测试以判断企业在极端情况下的债务偿付能力。可以根据历史情况或过往风险事件对极端情况进行科学假设，例如企业产品价格大幅下跌、产品受到新产品或是替代品的严重市场冲击、产品销售下滑、生产成本抬升等经营环境的恶化，或是有特殊条款的存续债券全部如期回售等资金周转压力的提升，分析企业在经营承压的情况下现金流和盈利能力的变化，从而判断其债务偿还风险。

另外，在对企业偿债能力的分析中，还可以参考企业过往的信用记录从而对企业的偿债意愿作出判断。信用记录是企业历史上对银行借款以及商业往来中的还款情况的说明，对于存在重大不良记录的企业，即使其偿债能力足够，仍然可能因为偿债意愿的影响导致债务违约。

第三节　公共要素

一、外部环境

外部经营环境分析在商业信用度量中占有重要位置，每一个企业都处在一定的宏观经济环境中，其所处国家及地区整体经济的发展速度和稳定性会对企业的运营模式和盈利能力产生重大影响。通过分析企业所处区域、行业基本情况，可以形成对受评企业的业务发展趋势和方向、经营环境、财务标准以及外部支持等方面的基本预期。经营环境分析包括宏观经济环境和区域经济环境两个方面。

（一）宏观经济环境

每一个产业都处于一定的宏观经济环境之中，一个国家或地区整体经济发展快慢及其稳定性会对区域内的行业和企业造成一定程度的影响。宏观经济环境会通过影响产业链上下游的供求状况等，对受评企业所在行业的盈利能力等产生影响。在宏观经济快速发展时期，很多行业都获得较好的发展机会，产品销售情况会比较好，同时如果政府实施积极货币政策，行业内的企业也能相对较容易获得发展资金，行业整体运行情况会比较好；相反，如果宏观经济增长缓慢，并同时实施紧缩性货币政策，企业的生产销售均会受到一定程度的不利影响，企业自身也相对较难获得其发展所需的资金，当企业发生债务困难时，也较难获得外部支持，进而增加债务违约风险。

宏观经济环境分析的重点，是评估宏观经济环境的变化对受评行业产品或服务需求、原材料供给及价格、外部融资环境等方面的影响，一般需要关注宏观经济运行状态和宏观调控政策的变化。宏观经济运行方面，主要考察经济发展所处的阶段、GDP增长速度、固定资产投资增长速度、人均可支配收入和物价指数等指标；宏观调控政策方面主要关注货币政策、财政政策和收入政策等变化情况。

（二）区域经济环境

企业所处的区域经济环境往往对受评企业甚至其所处的行业有重大影响，经济景气度较高的区域对市场需求增长的支撑力度较强，企业产品的跌价风险更小。此外，对于市场分化现象明显的行业，特别是存在一定区域性垄断或是调控存在因城施策方式的行业，受评企业业务的分布区域越广，其分散和抵抗市场波动风险的能力就越强。

在区域经济环境分析中，重点关注区域经济发展状况、区域资源条件、企业的区域分布情况、地方政策以及政府对行业的支持力度等方面。布局在经济发达或是基础资源富足区域的企业，更容易获取市场或成本优势。例如，对制造业而言，所在区域的经济发展状况、产业配套效应等关系到企业生产要素供应的便利程度和成本，也会影响企业产品销售的市场半径、销售成本。

二、行业状况

行业状况分析对企业整体信用风险评估具有重要作用。不同行业的经营模式、盈利水平及波动性存在较大差异。对受评企业所属行业情况进行充分了解，有助于提高对受评企业未来发展经营环境、营运状况和盈利能力分析的准确性。行业状况分析主要包括产业政策、行业景气度、行业市场地位和行业竞争格局等方面。

（一）产业政策

产业政策是政府根据本国经济发展水平和需求，在经济发展的不同时期，针对各个行业所制订的发展规划。国家的产业政策对受评企业的经营和发展有重大影响。根据政策导向对行业的支持程度，可分为支持发展的行业、一般性行业和限制发展的行业三类。一般而言，支持发展的行业发展环境较为宽松，发展前景较为乐观；一般性行业发展环境一般，大多数行业内部竞争激烈，行业内同等规模的企业利润率趋向一致；限制发展的行业，其整体生存环境较差，发展前景很不乐观。但需要注意的是，即使在同一行业，国家具体的产业政策也会对不同的企业构成不同影响，需要区别分析和对待。例如，在房地产行业整体发展放缓、行业政策调控力度趋严的背景下，大中型房企在土地资源竞争、企业并购重组和战略转型等方面竞争优势逐步显现，而中小房企则加速转型退出，优胜劣汰。

进行产业政策分析时，首先判断受评企业所处行业是否能获得相关国家政策支持，其次关注国家具体政策和政策变化趋势，判断对行业内企业的影响，最后综合判断产业政策对受评企业所处行业和企业的经营、盈利、发展的影响及其程度。

（二）行业景气度

行业景气度主要通过行业供求和产品价格变化趋势来反映。从微观经济学角度来说，产品价格是决定企业盈利能力的核心因素，而行业供求状况是决定产品价格的基础，也是决定企业盈利能力的外部环境，对企业资金获取能力有重要影响。行业产品供求处于不断变化的过程之中，当前的供求决定当前的产品价格，未来的供求变化决定未来产品价格的变化。

在对行业供求进行预测时，通常通过行业生命周期来分析，根据行业发展的历史和现状，了解行业发展轨迹和稳定性。通常每一个行业都要经历由成长到衰退的发展过程，即行业的生命周期，通常包括初创期、成长期、成熟期和衰退期。新兴行业在技术、市场前景以及国家政策法规等方面存在诸多不确定性因素。因此，行业内企业很难取得良好的发展环境和经济规模效益，其所面临的各种风险都相对较高；处于成长期的行业，技术日趋成熟，市场前景和政策法规也相应明朗，企业经营管理逐步步入正轨，发展速度较快，经济效益显著；成熟行业供需变化较小，行业内竞争逐步加剧，企业发展速度放缓，利润空间有所收缩；当行业进入衰退期，企业经营环境较差，盈利空间十分狭小，经济效益差。

分析行业供求的同时，还需要关注行业周期与宏观经济周期的依存度，即行业的周期性，对于行业周期与宏观经济周期高度相关的行业，如煤炭、钢铁等行业，其发展受经济周期影响波动更为强烈，供需及产品价格的变化也较大，而对于弱周期行业而言，如食品、制药等行业，其供需和产品价格通常维持较为稳定的水平，即使在宏观经济下行期间受到的冲击也比较小。

此外，消费习惯以及行业内供给规模的变化会影响行业产品未来需求量的变化，行业内企业项目投产情况会影响未来产品供给量的变化，未来产品需求和供给的变化共同决定产品的价格变化趋势。

进行行业景气度分析时，先分析当前产品供求状况，结合消费习惯的变化趋势来预测未来产品需求的变化趋势，并根据短期行业内产能规划情况，判断未来产品的供应状况，再根据供求关系对产品价格作出合理的分析和判断，最后对行业盈利能力、景气度进行预判。

（三）行业市场地位

行业市场地位是决定行业盈利能力和现金获取能力的重要影响因素，主要分析上下游行业对本行业的影响程度。不同行业在产业链中的地位存在较大的差异。在产业链中处于核心地位的行业，其对上下游的影响力较强，能够占用上下游企业的资金，产品和原材料议价能力较强，同时产品附加价值比较高而可替代品的威胁相对较小，处于这种行业的企业盈利能力会比较强，就算自身出现短期资金周转困难，也可以通过占用上下游企业资金来满足其短期资金周转的需要。

进行行业市场地位分析时，重点判断所属行业的替代品威胁及其对上下游行业的依赖程度和议价能力，可从上下游行业的竞争激烈程度、所属行业对上游资源及技术的依赖程度、所属行业对下游行业销售渠道的依赖程度、所属行业向上下游行业拓展的难度等方面加以分析，最后综合判断行业市场地位的高低。

（四）行业竞争

行业竞争是决定行业内企业获利能力和现金流稳定性的核心因素。行业竞争程度大体可以分为垄断、寡头垄断、垄断竞争和完全竞争等。行业竞争水平主要是由行业进入门槛决定的，行业进入门槛越低，或者退出门槛越高，行业内的竞争程度就越高。行业进入门槛主要受法律法规、规模经济程度以及市场营销渠道等因素影响，退出门槛主要受转型成本决定，对于固定资产比重较高、设备规模大且专业度高的行业，其退出难度就比较大。行业的竞争水平可以通过 CR4 或者 CR10 等指标进行反映，即行业前四名或前十名份额集中度。

垄断经营的行业，其内部垄断企业可以对地区经济或者行业发展产生较大影响，因此可获得更多的政策支持和经济资源，对上下游企业的影响和资金占用能力也更强，因而往往能够获得可观的垄断利润，现金流也相对充足和稳定，行业内企业的信用风险也相应较低。大部分行业都处在有较强竞争性的行业，需关注行业竞争的焦点和主要竞争方式，例如依靠成本降低、技术研发、提升服务质量或是依托市场营销等，以行业竞争特点作为分析依据，对企业的竞争优势作出更加准确的判断。

进行行业竞争分析时，重点考察行业集中度、行业主要竞争手段，从而判断行业内竞争程度，同时应该把握行业内核心企业的经营及发展状况，判断其对行业内其他企业的影响。

第四节　其他要素

一、股东支持

股东实力和其对受评企业支持的可能性对企业的信用风险有重大影响。一般情况下，股东实力越强，对受评企业支持可能性越高，支持力度越大，企业违约风险会显著低于同类型的其他企业。对受评企业股东支持的考量，重点是考察股东实力和股东支持的可能性。股东实力方面，可以主要考察股东的企业性质、股东的行业地位、竞争能力和财务状况；股东支持可能性方面，应该重点考察企业在股东整个战略定位中的位置、在股东业务体系里的地位、股东历史支持方面的具体支持的内容和力度等。一般来说，当股东实力显著高于受评企业的实力，同时企业获得股东支持的可能性很大，企业往往能获得一定上调级别的机会。

二、政府支持

与股东支持一样，政府支持程度对受评企业的信用等级也有重大影响。对受评企业获得政府支持的考量重点在考察支持政府的实力和政府支持的可能性。政府实力方面，应该主要考察支持方的行政级别、区域经济环境、财政实力和地方政府债务负担状况等；地方政府支持可能性方面，可以重点考察受评企业获得政府支持的相关文件完备性、历史获得支持的实际情况和具体的支持方式。一般来说，政府财政实力越强，财政负担越轻，受评企业获得的历史支持越多，相关支持依据文件越完备，其获得信用等级上调的可能性越大。

三、法律法规建设

国家的法律法规建设也是评估企业信用风险需要考虑的重要因素。例如，为了保护生态环境、防止环境污染，环境法等相关法律法规的颁布实施对企业经营行为进行了约束，一些高耗能、高污染企业的生产效益必然会受到影响。因此，从某种意义上而言，一些法律法规的颁布、修正、修订会限制"两高一剩"企业的生产经营活动，从而降低企业的盈利水平。

四、突发事件

突发事件俗称"黑天鹅事件"，信用突发事件会引起信用风险的变化。信用风险累积到一定程度，并通过信用突发事件引爆器的触发作用引发信用风险突变，若信用突发事件处置不当或难以控制，则信用风险呈现级联放大的效应，严重时会导致信用危机。信用风险突变的过程中并不必然存在信用"黑天鹅事件"，众多影响信用风险因素耦合作用的结果也可能导致信用风险的突变，在信用风险度量的过程中，同样不能忽视信用突发事件这个要素。

本章小结

商业信用风险度量要素包括经营、财务、公共以及其他可能对企业信用风险产生影响的要素。经营要素体现在企业的竞争能力和管理与战略，竞争能力反映企业的生产经营实力，是判断企业未来经营状况的关键因素，决定着受评企业的生存发展前景，对考察其信用风险水平至关重要。对于竞争能力的分析，主要包括规模和市场地位、业务和产品结构、技术水平和研发能力、采购渠道、销售渠道、经营业绩和经营效率六个方面。而对于管理与战略，重点考察企业的法律地位、法人治理结构及组织架构、管理层行为和管理层激励约束机制、管理制度和执行情况、信息披露透明度与质量、发展战略及重大事项六个方面。

企业财务要素重点关注资产质量分析、资本结构、企业盈利能力、现金流偿债能力指标分析。资产质量分析是企业财务分析的起点，企业资产质量越高，其短期支付能力就越强，资产的长期运营效果也越好，资产和盈利对债务的保障程度也越高，从而可以降低企业整体信用风险。资本结构是企业资金来源结构的反映，对企业财务风险有着重要影响，债务负担重的企业偿还债务的压力较大，信用风险也较高。企业盈利能力的强弱是决定企业未来债务偿还能力的基础。现金流是企业自身偿还债务的真正来源。偿债能力指标的分析是企业财务分析的综合，旨在综合资产质量、资本结构、盈利能力和现金流量分析的结论，是度量时必不可少的考察要素，企业偿债指标的分析分为短期偿债指标和长期偿债指标两部分。

公共要素特别重视外部经营环境分析和行业状况分析，外部经营环境分析在商业信用度量中占有重要位置，每一个企业都处在一定的宏观经济环境中，其所处国家及地区整体经济的发展速度和稳定性会对企业的运营模式和盈利能力产生重大影响。而行业状况分析对企业整体信用风险评估具有重要作用，包括产业政策、行业景气度、行业市场地位和行业竞争格局等方面。

其他诸如股东支持、政府支持、法律法规建设和突发事件等，也都是在信用风险度量的过程中不能忽视重要度量要素。

本章要点

- 商业信用风险度量要素包括的内容
- 经营要素包括的内容
- 财务要素包括的内容
- 公共要素包括的内容
- 其他要素包括的内容

本章关键术语

经营要素　财务要素　公共要素　管理层激励　约束机制　资产质量
资本结构　盈利能力　现金流能力　偿债能力　外部环境　行业状况
突发事件

本章思考题

1. 简述商业信用度量的要素内容。

商业信用度量

2. 如何理解企业的经营要素？
3. 简要分析影响商业信用风险的财务要素。
4. 简述企业财务要素中的现金流能力和偿债能力。
5. 简要分析影响商业信用风险的公共要素。
6. 如何理解企业的其他要素？

第三章 商业信用风险度量指标

第一节 指标的选取原则

一、指标概述

随着信用风险理论和度量方法的不断发展，风险度量工作重点通过指标来判断企业的信用风险水平，指标的使用也越来越广泛、含义也不断得到拓展。在不同的应用场景下，不同的信用评级人员基于不同的视角，对指标的定义也存在较大的差异。但是，总体而言，我们选取的指标的基本要求是清晰地描述和阐述问题，更快地发现新问题，并获得预期开展工作的信息。从评价学的观点来看，指标是一种准则，是明确的评价内容，即指评价观测的具体对象；从统计学的观点来看，指标则是描述和反映研究对象数量特征的基本概念和具体数值，在这个层面上，指标的意义就是人们认识复杂的社会问题的中介。而从"indicator"的内涵来看，强调的也是为人传递信息的中介，更加偏向于统计学意义上的指标概念。

无论是评价学还是统计学范畴内关于指标概念的讨论，我们都可以看到，在可量化、测量事物主要特征这两点上，这两种观点达成了一致协议。信用风险度量指标是反映企业信用风险状况非常重要的统计数字，其作为关键衡量标准，当然评价性指标不可避免地具有主观价值的色彩，指标的评价性意义也并不是其内在特征，只有在时间变化的基础上，评价性意义才被凸显出来。同时，并非所有指标都需要量化，也并非必须具有时间序列的属性。纵观指标从萌芽、发展到兴盛的过程，在实际的风险度量中，随着指标的成效越来越显著，评价和统计指标的可靠性和真实性也与日俱增。

商业信用风险度量指标又称定量分析指标，定量指标是指可以进行准确数量定义、精确衡量并能设定绩效目标的考核指标。在定量分析指标体系中，各指标的评价基准值是衡量该项指标是否符合企业生产基本要求的评价基准。一般定量指标分为绝对量指标和相对量指标两种，绝对量指标如销售收入，相对量指标如销售收入增长率。对于一些不能直接量化而需通过其他途径实现量化的评估指标，称为定性分析指标或者通用性指标，其主要客观描述企业的信用风险状况。比如在信用评分、评级等一些信用风险分析和预测模型中的指标。通常这些指标包含企业基本情况、企业财务状况甚至宏观经济情况等。一般通过这些定性指标对企业信用风险进行模糊等级评价，然后再进行量化。其缺点是容易带有评价者的主观因素，且指标的区分度和可信度相对较弱。

二、选取原则

商业信用风险度量指标是企业建立商业信用风险度量模型的基础，是准确度量商业信用风险的前提。一套科学合理的商业信用风险度量指标体系，并不是多个单一指标的随意组合，而是依据一套合理的构建原则建立起来并能有效反映商业信用风险状况的指标系统。构建商业信用风险度量指标体系时应遵循以下原则：

（一）目的性

选定指标是为了反映评价对象，因此，所有的指标都应该具有较强的目的性，能够反映商业信用风险的水平，本书主要介绍商业信用风险度量，所以所有模型选择的指标都应该能够准确评价和度量商业信用风险的水平。

（二）科学性

指标体系的设置必须是客观的、有依据的，而非随意的、盲目的。选取指标时，要根据信用风险理论的相关要求，科学地反映企业客户的信用水平。选定的指标要在概念、含义和口径方面清晰、一致，指标体系和层次适当，以充分反映商业信用风险状况。

（三）可行性

选取的商业信用风险度量指标应当尽量与现有的统计数据和企业报表相兼

容,以充分保证信用数据的可获得性。同时,还要考虑各项指标数据获取与量化的难易程度和可靠程度,力求简练,以便操作和计算。

(四) 独立性

在选取指标度量商业信用风险时,有些因素之间往往具有一定程度的相关性,因而要采取科学的方法处理相关程度较大的指标,使每一指标在模型中只出现一次,避免重复,使指标能够科学准确地反映被度量对象的实际情况。

(五) 代表性

尽可能选取能够反映商业信用风险各种状态共性的指标。企业的不同特征可以用不同的指标表示,从中选取和分析若干个能够反映这些特征的指标,可以准确地对商业信用风险的变化进行识别和判断,从而建立风险管理机制。

(六) 时效性

所选指标不仅能反映一定时期内商业信用风险的变化,而且要具有适时性,在指标发生变化时也同样适用。

(七) 融合性

商业信用风险是一个抽象概念,应以现代科技统计理论的基础结合必要的专项调查与查证,将定性指标和定量指标相结合,通过综合评价得出科学、合理、真实、客观的评价结果。

(八) 合法性

指标体系必须依据国家有关政策和法律进行构建,应最大程度地符合经济效益和风险监管的标准值规定,符合国家政策导向。

第二节 指标的选取方法

一、定性方法

指标评价法,是出现较早的一种指标选取方法,根据专家分析和历史经验选择与风险最相关的指标用于度量风险。指标评价法通常是以百分为满分,把被评者的行为表现划分为若干个指标,赋予每个指标一定的分值,评价时对每个指标分别打分,最后累计出总分。指标评分法增大了可比性和精确性,并且量化指标明确，容易操作。但各项指标分值的确定缺少科学依据，评价者评出的具体分数也有随意性，受评价者主观因素的影响较大。

二、定量方法

（一）主成分分析

主成分分析是把原来多个变量划为少数几个综合指标的一种统计分析方法。从数学角度来看，是一种降维处理技术。

一个研究对象，往往是多要素的复杂系统。变量太多无疑会增加分析问题的难度和复杂性，利用原变量之间的相关关系，用较少的新变量代替原来较多的变量，并使这些少数变量尽可能多地保留原来较多的变量所反映的信息，这样问题就简单化了。

（二）T检验法

T检验，也称Student t检验（Student's t test），主要用于样本含量较小（例如$n<30$），总体标准差σ未知的正态分布。T检验是用t分布理论来推论差异发生的概率，从而比较两个平均数的差异是否显著。T检验可分为单一样本t检验、配对样本t检验和独立样本t检验。

1. 单一样本t检验（One-sample t test）。单一样本t检验是检验一个样本平均数与一个已知的总体平均数的差异是否显著。当总体分布是正态分布时，如总体标准差未知且样本容量小于30，那么样本平均数与总体平均数的离差统计量呈t分布。

单总体t检验统计量为

$$t = \frac{\overline{X} - \mu_0}{\frac{\sigma_X}{\sqrt{n-1}}}$$

其中，t为样本平均数与总体平均数的离差统计量；$\overline{X}$为样本平均数；μ为总体平均数；σ_X为样本标准差；n为样本容量。

2. 配对样本t检验（paired-samples t test），可视为单一样本t检验的扩展，不过检验的对象由一群来自常态分配独立样本更改为二群配对样本之观测值之差。若二配对样本x_{1i}与x_{2i}之差为$d_i = x_{1i} - x_{2i}$独立，且来自常态分配，则

d_i 之母体期望值 μ 是否为 μ_0 可利用以下统计量:

$$t = \frac{\bar{d} - \mu_0}{\frac{s_d}{\sqrt{n}}}$$

3. 独立样本 t 检验（independent t test），要求被比较的两个样本彼此独立，即没有配对关系，要求两个样本均来自正态分布，要求均值是对于检验有意义的描述统计量。

$$t = \frac{\overline{X_1} - \overline{X_2}}{\sqrt{\frac{(n_1-1)s_1^2 + (n_2-1)s_2^2}{n_1+n_2-2}\left(\frac{1}{n_1}+\frac{1}{n_2}\right)}}$$

三、定性和定量结合方法

（一）层次分析法

层次分析法（AHP），指将一个复杂的多目标决策问题作为一个系统，将目标分解为多个目标或准则，进而分解为多指标（或准则、约束）的若干层次，通过定性指标模糊量化方法算出层次单排序（权数）和总排序，以作为目标（多指标）、多方案优化决策的系统方法。其基本原理是将决策问题按总目标、各层子目标、评价准则直至具体的备投方案的顺序分解为不同的层次结构，然后用求解判断矩阵特征向量的办法，求得每一层次的各元素对上一层次某元素的优先权重，最后再加权和的方法递阶归并各备择方案对总目标的最终权重，此最终权重最大者即为最优方案。

（二）TOPSIS 分析方法

TOPSIS 的全称是"逼近于理想值的排序方法"（Technique for Order Preference by Similarity to Ideal Solution），是 Hwang 和 Yoon 于 1981 年提出的一种适用于根据多项指标对多个方案进行比较选择的分析方法。这种方法的中心思想在于首先确定各项指标的正理想值和负理想值，所谓正理想解是一个设想的最好值（方案），它的各个属性值都达到各候选方案中最好的值，而负理想解是另一个设想的最坏值（方案），然后求出各个方案与理想值、负理想值之间的加权欧氏距离，由此得出各方案与最优方案的接近程度，作为评价方案优劣的标准。

TOPSIS 法是有限方案多目标决策的综合评价方法之一，它对原始数据进行同趋势和归一化的处理后，消除了不同指标量纲的影响，并能充分利用原始数据的信息，所以能充分反映各方案之间的差距、客观真实地反映实际情况，具有真实、直观、可靠的优点，而且其对样本资料无特殊要求，故应用日趋广泛。

TOPSIS 法与单项指标相互分析法相比，能集中反映总体情况、能综合分析评价，具有普遍适用性。例如，其在评价专业课程的设置、顾客满意程度、软件项目风险评价、房地产投资选址，评价企业经济效益、地区科技竞争力等方面都已得到广泛、系统的应用。

四、构建指标的一般步骤

（一）确定应用场景

构建指标体系以信用风险度量应用目标为依据，指标需充分反映应用目的。

（二）分析企业行业特性

应按照行业特性进行有效分类，结合各个行业的特性，风险度量的指标体系根据受评对象的行业特点来构建。

（三）罗列评级指标

根据受评企业的行业特性与风险度量应用目的确定大致的评价内容之后，需要将度量的内容分解，把它们变成可操作的指标，可以运用工作分析法对工作目标、内容及行为进行分解，把一个工作目标（内容或行为或动作）分解为几个相互联系的子系统，每个子系统下又分若干个子系统，直至每个具体度量项目都能满足可测性的要求为止。一般采用诸如组内成员进行头脑风暴，广泛罗列与之相关的指标，或者针对风险度量的项目进行专家咨询，以获取度量指标，或者通过查阅相关行业、学科的文献资料来分析相关评级指标。

（四）确定指标结构

在风险度量指标体系的构建过程中，每个行业指标都需要具有一定的层次结构。如在分解评价目标的过程中，将指标与度量目标对应。第一、第二、第三分析层次的各个项目分别称为一级指标、二级指标、三级指标等，其中一级指标表示度量对象的总体特征，二级指标反映一级指标的具体特征，三级指标说明二级指标的具体内容。

（五）筛选测评指标

对每一个初步罗列出来的度量指标，都必须认真分析研究，界定其内涵与外延，并给予清楚、准确的表述，能明确测评指标的含义，使指标具有明确性。指标的表述特别要注意保证不要有歧义，此外，还要分析测评指标的整个内涵，删除那些有重复的指标项。

（六）指标分值权重设置

任何一个度量指标的计量，均由两个因素决定：一是计量等级及其对应的分数；二是计量的规则或标准。

（七）修订指标体系

度量指标在大规模实施之前，还必须选取一定比例样本开展试测，检查结果的分布情况，适时调整指标权重和标准，同时还要按照测量学的标准对整个测评指标体系进行分析、论证、检验并不断修改，进一步完善与充实，以保证其可靠性和有效性。

第三节 财务指标

财务要素作为商业信用风险度量的核心之一，围绕财务要素提炼相应度量指标，其中，财务报表是财务指标的主要来源。

一、财务报表

财务报表，是按照规定的格式填制，用以揭示企业的盈利能力和财务状况的报表，反映企业的财务实力和发展潜力。

财务报表被许多机构和个人使用，资金所有者和股东通过财务报表决定其投资方向，企业所有者通过财务报表掌握企业的发展状况，企业内部管理人员使用财务报表来评价业绩，企业信用管理部门通过分析财务报表进行信用决策。

按现行的会计制度的规定，企业的财务报告主要包括资产负债表、现金流量表、利润表、各种附表以及附注说明等。财务报表分析虽然不是信用决策的唯一决定因素,但其是信用分析的重要程序和环节。对于企业信用分析人员来讲,对财务报表进行分析的目的是要找到财务报表的不合理之处,同时用一些测算方法来查明报表编制者的意图,为是否授信和授信额度的确定等提供决策的依据。

(一) 资产负债表

资产负债表是反映企业在某一特定日期财务状况的报表,它反映了企业经营过程中某一时点上,企业所拥有的资产、所负担的债务、所有者权益等财务状况。资产负债表所提供的信息可使报表使用者了解企业偿还短期债务的能力和财务弹性,了解企业的资产结构和长期偿债能力,同时也有助于评价企业的盈利能力和发展前景。

资产负债表分为资产、负债和所有者权益三部分。它们之间的关系可以通过会计恒等式来表示:资产 = 负债 + 所有者权益。其中,资产可以分为五大类,即流动资产、长期投资、固定资产、无形资产和其他资产;负债包括流动负债和长期负债;所有者权益由实收资本、资本公积、盈余公积和未分配利润四部分组成。报表的资产项目,说明了企业所拥有的各种资源以及企业偿还债务的能力;负债项目,显示了企业所负担的长、短期债务的数额和偿还期限的长短;所有者权益项目,表明了企业的投资者对企业资产所持有的净权益。

通过资产负债表有关项目,可以计算资产负债比率、流动比率、速动比率和资本保值增值率等,了解企业负债水平的高低、短期债务偿还的能力以及投资者投入企业资本的完整性和保全性。对不同时期内相关项目的对比,可以反映出企业财务状况的变化趋势。

资产负债表在编制时,资产项目按流动性或变现能力的强弱自上而下排列,通常的顺序是:流动资产→长期投资→固定资产→无形资产及其他资产;负债项目依据到期日的远近划分排列,一般顺序是:流动负债→长期负债;所有者权益项目是按可供企业使用的永久性程度进行排列,一般顺序是:股本(实收资本)→资本公积→盈余公积→未分配利润。资产负债表的具体内容和格式参见表3-1。

第三章　商业信用风险度量指标

表 3–1　　　　　　　　　　　资产负债表

编制单位：××企业　　　　20××年12月31日　　　　　　　单位：元

资产	年末余额	年初余额	负债及所有者权益	年末余额	年初余额
流动资产：			流动负债：		
货币资金			短期借款		
交易性金融资产			交易性金融负债		
衍生金融资产			衍生金融负债		
应收票据			应付票据		
应收账款			应付账款		
预付账款			预收账款		
其他应收款			合同负债		
其他应收款			应付职工薪酬		
存货			应交税费		
合同资产			其他应付款		
持有待售资产一年内到期的非流动资产			持有代售负债		
			一年内到期的非流动负债		
其他流动资产			其他流动负债		
流动资产合计			流动负债合计		
非流动资产：			非流动负债：		
债权投资			长期借款		
其他债权投资			应付债券		
长期应收款长期股权投资			其中：优先股		
其他权益工具投资			永续债		
其他非流动金融资产投资性房地产			租赁负债		
			长期应付款		
固定资产			预计负债		
在建工程			递延收益递延所得税负债		
生产型生物物资			其他非流动负债		
油气资产			非流动负债合计		
使用权资产无形资产			负债合计		
开发支出					
商誉			所有者权益（或股东权益）：		
长期待摊费用			实收资本（或股本）		
递延所得税资产			其他权益工具		
其他非流动资产			其中：优先股		
非流动资产合计			永续债		
			资本公积		
资产合计			减：库存股		
			其他综合收益		
			专项储备盈余公积		
			未分配利润		
			所有者权益（或股东权益）合计		
			负债和所有者权益（或股东权益）合计		

47

(二) 现金流量表

现金流量表是以现金为基础编制的财务状况变动表，它反映企业一定期间内现金的流入和流出，表明企业获得现金和现金等价物的能力。

企业可利用现金包括企业库存现金、可以随时用于支付的银行存款、现金等价物和其他货币资金等。

编制现金流量表的目的，是为会计报表使用者提供企业一定期间内有关现金流入和流出的信息。根据企业经营业务发生的性质，将企业一定期间内产生的现金流量归为三类。

1. 经营活动产生的现金流量。经营活动是指企业投资活动和筹资活动以外的所有交易和事项，包括销售产品或提供服务、经营性租赁、购买货物、接受劳务、制造产品、广告宣传、推销产品和交纳税款等。

2. 投资活动产生的现金流量。投资活动是指企业长期资产的购建和不包括在现金等价物范围内的投资及其处置活动。

3. 筹资活动产生的现金流量。筹资活动是指导致企业资本及债务规模和构成发生变化的活动，包括吸收投资、发行股票、分配利润等。

现金流量表包括正表和补充资料两部分。现金流量表的具体内容和格式参见表3-2。

表3-2　　　　　　　　　现金流量表

编制单位：××企业　　　　20××年12月31日　　　　　　　　单位：元

项目	金额
一、经营活动产生的现金流量：	
销售商品、提供劳务收到的现金	
收到的税费返还	
收到其他与经营活动有关的现金	
经营活动现金流入小计	
购买商品、接受劳务支付的现金	
支付给职工以及为职工支付的现金	
支付的各项税费	
支付其他与经营活动有关的现金支出	
经营活动现金流出小计	
经营活动产生的现金流量净额	

续表

项目	金额
二、投资活动产生的现金流量： 　　收回投资所收到的现金 　　取得投资收益所收到的现金 　　处置固定资产、无形资产和其他长期资产所收回的现金净额 　　处置子公司及其他营业单位收到的现金净额 　　收到的其他与投资活动有关的现金 　　　　投资活动现金流入小计 　　购建固定资产、无形资产和其他长期资产所收回的现金净额 　　投资所支付的现金 　　取得子公司及其他营业单位支付的现金净额 　　支付其他与投资活动有关的现金 　　投资活动现金流出小计 　　　　投资活动产生的现金流量净额	
三、筹资活动产生的现金流量： 　　吸收投资收到的现金 　　取得借款收到的现金 　　收到其他与筹资活动有关的现金 　　　　筹资活动现金流入小计 　　偿还债务所支付的现金 　　分配股利、利润或偿付利息所支付的现金 　　支付其他与筹资活动有关的现金 　　　　筹资活动现金流出小计 　　　　筹资活动产生的现金流量净额	
四、汇率变动对现金及现金等价物的影响	
五、现金及现金等价物净增加额 　　　　加：期初现金及现金等价物余额	
六、期末现金及现金等价物余额	

表 3-3　　　　　　　　　　　补充资料

项目	金额
一、将净利润调节为经营活动的现金流量 　　净利润 　　加：计提的资产减值准备 　　固定资产折旧、油气资产折耗、生产性生物资产折旧 　　无形资产摊销	

续表

项目	金额
长期待摊费用摊销	
待摊费用减少（减：增加）	
预提费用增加（减：减少）	
处置固定资产、无形资产和其他长期资产的损失（减：收益）	
固定资产报废损失	
公允价值变动损失（减：收益）	
财务费用（减：收益）	
投资损失（减：收益）	
递延所得税资产减少（减：增加）	
递延所得税资产增加（减：减少）	
存货的减少（减：增加）	
经营性应收项目的减少（减：增加）	
经营性应付项目的增加（减：减少）	
其他	
经营活动产生的现金流量净额	
二、不涉及现金收支的投资和筹资活动	
债务转为资本	
一年内到期的可转换公司债券	
融资租入固定资产	
三、现金及现金等价物净增加情况	
现金的期末余额	
减：现金的期初余额	
加：现金等价物的期末余额	
减：现金等价物的期初余额	
现金及现金等价物净增加额	

（三）利润表

利润表是总括反映企业在某一会计期间的经营成果，提供该期间企业的收入、成本、费用、利润或亏损等信息的会计报表。

利润表的结构可以由以下四个关系式来表示：

1. 主营业务收入－主要业务成本－主营业务税金及附加＝主营业务利润

2. 主营业务利润＋其他业务利润－营业费用－管理费用－财务费用＝营业利润

3. 营业利润 + 投资净收益 + 营业外收入 – 营业外支出 = 利润总额

4. 利润总额 – 所得税 = 净利润

根据利润表，可以考核企业利润计划的完成情况，分析利润增减变动的原因，预测企业利润的发展趋势。通过利润表反映企业的收入、成本和费用，全面反映企业生产经营的收入情况和成本耗费情况，反映企业的投入产出比例关系。企业的利润是各项工作的收益与耗费的集中表现，是反映企业生产经营情况的综合性指标，通过考核利润的完成情况，能为全面考核企业生产经营计划的完成提供依据。通过分析前后期营业利润、投资净收益、营业外收支的增减变动情况，可以分析和测定企业利润的发展趋势，预测企业未来的收益能力。利润表的具体内容和格式参见表 3 – 4。

表 3 – 4　　　　　　　　　　　　利润表

编制单位：××企业　　　　　20××年12月31日　　　　　　单位：元

项目	本年金额	上年金额
一、营业收入		
减：营业成本		
税金及附加		
销售费用		
管理费用		
研发费用		
财务费用		
其中：利息费用		
利息收入		
加：其他收益		
投资收益		
其中：对联营企业和合营企业的投资收益		
以摊余成本计量的金融资产终止确认收益		
净敞口套期收益		
公允价值变动收益		
信用减值损失		
资产减值损失		
资产处置收益		

商业信用度量

续表

项目	本年金额	上年金额
二、营业利润		
加：营业外收入		
减：营业外支出		
三、利润总额		
减：所得税费用		
四、净利润		
（一）持续经营净利润		
（二）终止经营净利润		
五、其他综合收益的税后净额		
（一）不能重分类进损益的其他综合收益		
（二）将重分类进损益的其他综合收益		
六、综合收益总额		
七、每股收益		
（一）基本每股收益		
（二）稀释每股收益		

二、财务指标

本部分主要介绍商业信用风险度量的基本财务分析指标。在实践中根据财务分析方法的不同，会有其他细化或辅助指标。

1. 资产质量指标。如第二章所述，资产质量分析包括结构分析和质量分析。该项指标受企业所在行业影响较大，需要根据行业特性判断企业各项资产在总资产中的比重，以及各项资产的实际价值、流动性、安全性和盈利性是否合理，是根据后文的一系列指标与行业平均水平的比较结果。

2. 资本结构指标。

（1）资产负债率。资产负债率衡量企业全部资产中负债的比例，是评价企业杠杆水平、偿债能力和企业清算时债权人利益受保护程度的基础指标，体现企业财务政策的审慎程度。企业的杠杆水平越低，资本结构越稳健，财务风险越低，同时企业的财务弹性越高。对于指标的判断一般取行业平均值或中位数作为参考。此外，需要关注企业近年资产负债率的变化情况，在公司存在重大投资情况下，应对指标未来表现情况进行预测。

(2) 全部债务资本化比率。全部债务资本化比率反映企业全部资本中,通过借贷形式所筹措的资本所占的比重。如果指标过高,则企业债务负担过重,一旦企业经营遇到问题,则可能出现债务偿付困难,而如果指标过低,虽然企业财务政策相对保守,可能未充分利用财务杠杆,但企业债务偿付压力小,信用风险显著低于高杠杆企业。对于指标的判断,商业信用度量需要结合行业整体表现情况,从控制财务风险角度,企业指标表现不应低于行业平均水平。需要注意的是,分析人员需要对企业报表科目进行分析和调整,以确保指标中长期债务和短期债务涵盖企业全部有息债务,例如,融资租赁实质为债务性融资,如企业将其计入"长期应付款"等科目,就需要在计算企业长期负债时对科目进行调整,再如,"其他流动负债"和"其他应付款"中的应付短期债券应属于全部债务,而"一年内到期的非流动负债"中的无息债务金额应从全部债务中剔除。

(3) 长期债务资本化比率。长期债务资本化比率反映企业长期资本中,通过借贷形式筹措的资本所占的比重。该指标的关注事项和标准制定与全部债务资本化比率相同。

3. 盈利能力指标。

(1) 营业毛利率。营业毛利率指标决定企业盈利的最大空间,是企业盈利能力的基础体现,反映企业通过出售商品、提供劳务以及其他经营活动所能获取的利润水平,在一定程度上,也是企业产品市场竞争力的表现。营业毛利率数值越高越好,由于指标与行业表现关系密切,因此需要在行业内进行指标比对。同时,企业近几年毛利率水平的变化和波动趋势也需要考虑。

(2) 总资产报酬率。总资产报酬率反映企业全部资产的获利能力。指标数值越高表明企业资产利用效率越高,反之则企业运营效率较差。该指标也可以作为企业资产质量的一种反映。

(3) 净资产收益率。净资产收益率表示企业股东权益的收益水平,是考察企业盈利能力的核心指标。投资利润和财富最大化是股东投资的根本目的,指标数值越高表明股东投资与企业所能获得的收益越高,反之则代表股东投资一定意义上的贬值。

(4) 期间费用收入比。期间费用收入比衡量企业期间费用占营业收入的比重,指标数值越高表明企业期间费用控制能力越差,费用对利润的侵蚀规模越大,指标主要采用与行业水平进行对比。同时,还需要关注三费对利润的侵蚀,以及企业期间费用规模的变化情况。

4. 现金流能力指标。

(1) 经营性净现金流。

$$经营性净现金流 = 经营性总现金流 - 营运资金变化$$

经营性总现金流是公司依靠日常经营所产生的总的现金流量,但总现金流并不能直接用于债务偿付,而是首先需要满足营运资金变化的需求,因此,相对于总现金流,重点关注经营性净现金流。如果公司可以实现稳定经营,那么在较长的时间段内,其经营性总现金流和经营性净现金流的规模应该可以保持在同一水平。而如果企业经营环境恶化,在经营规模不变的情况下,仍可能面临营运资金的大幅上升和经营性净现金流的收缩。

(2) 留存现金流。留存现金流是经营性净现金流进一步去除当年的股利分配,是对经营性净现金流的保守调整,即假设公司总会优先保证股东的利益,因此,在股利分配后的剩余现金才能够用来偿还公司债务以及资本支出。

(3) 自由现金流。

$$自由现金流 = 留存现金流 - 必需的资本支出$$

自由现金流是留存现金流减去必需的资本支出之后更加保守的现金流规模。企业的资本支出包括必需资本支出和酌情资本支出,必需的资本支出是企业维持现有生产规模固定资产构建及其他资产所需要的支出,可以通过公司当年固定资产计提的折旧和其他资产摊销来进行估算,而酌情资本支出是企业扩大生产规模或领域所需的支出。如果公司自由现金流仍然可以覆盖当期需偿付的债务及利息费用,则公司具有较强偿债能力。

5. 偿债能力指标。

(1) 流动比率。流动比率是考察企业短期偿付能力的重要指标,主要用于衡量流动资产对流动负债的支付能力,流动负债主要是一年内的短期借款、应付账款和应付票据等。流动比率通常情况下应该大于120%。

(2) 速动比率。速动比率是衡量将流动资产中不容易变现的存货剔除掉之后再考虑流动资产中比较容易迅速变现的资产对于流动负债的保障能力,也称为酸性实验。相比流动比率,速动比率指标可以更好地反映企业偿还短期负债的能力。速动比率通常情况下应该大于 100%。

（3）现金类资产/短期债务。短期债务主要用于补充流动性，在债务偿付时具有较强的刚性和时间限度要求，而企业一旦遇到行业市场景气度下行，在手产品或存在一定销售风险和去化压力，因此从流动性最强的现金类资产的角度考察企业短期债务的即时偿付能力。如果企业的现金类资产能够较好覆盖短期债务，则企业的即期偿付能力较好。此外，还需要关注企业现金类资产的受限规模，对于现金类资产受限规模较大的企业，对其短期偿债能力的考察，需要剔除受限资产。

（4）经营活动现金流入/流动负债。短期偿债更多体现为资金周转，而短期资金周转的主要来源为经营活动现金流入量。因此，反映企业短期偿债能力还可以从期间角度，采用期间经营活动现金流入量来衡量受评企业当期偿付流动负债的能力。

（5）EBITDA 利息保障倍数。

EBITDA 利息保障倍数 = EBITDA/（费用化利息支出 + 资本化利息）

EBITDA 近似为使用利润总额调整息税、折旧和摊销后的企业经营性现金流，指标主要考量企业支付借款利息的能力，通常情况下，企业并不会同时偿付其全部债务，而只是需要支付债务利息，因此，指标一定程度上可以代表企业实际偿还债务的能力。对于需要使用大部分经营性现金流来负担利息的企业，一旦其盈利不达预期，企业可能陷入无力支付当期利息的困境。

（6）全部债务/EBITDA。全部债务/EBITDA，衡量企业以自身可支配现金清偿其全部债务所需要的大致年限，是衡量企业长期偿债能力的重要依据。指标倍数越高，企业债务偿还压力越大。

第四节 非财务类指标

基于商业信用风险度量的要素分析，同时结合指标体系构建原则，通过对经营要素、公共要素和其他要素分析，分别选择宏观环境、行业发展特征、外部支持和突发事件四个方面选取具有代表性的指标作为初选指标，以此评价企业的信用状况。

一、宏观环境指标

根据公共要素中外部宏观环境影响因素分析,选取相应的宏观环境指标,以便全面、准确地度量商业信用风险。首先,宏观经济环境可以由多个经济指标来衡量,从宏观经济周期、货币政策等方面出发,国民生产总值(GDP)、居民消费价格指数(CPI)、失业率等宏观经济指标都是反映宏观经济环境的重要指标。其次,在政治、法律和社会环境方面,主要考虑立法、监管执法、法治化进程、商业文化和文化教育等要素。宏观环境指标如表3-5所示。

表3-5　　　　　　　　　　宏观环境指标

影响因素	维度指标	代理指标
宏观经济环境	宏观经济周期	GDP增长率、CPI、失业率、资本密集程度
	货币政策	M2同比增速(M2)、法定存款准备金率(RRR)、贷款基准利率(LPR)
政治、法律和社会环境	立法	立法覆盖范围、立法执行时间
	监管执法	监管执法成本、监管执法收益
	法治化进程	失信惩罚机制
	商业文化	企业消费习惯

二、行业发展特征指标

行业发展特征是反映企业所处行业综合水平和竞争力的核心因素,对于企业信用风险度量来说尤为关键。行业发展特征主要包括行业生命周期、行业市场结构、产业链竞争优势、行业技术水平等因素。具体指标如表3-6所示。

表3-6　　　　　　　　　　行业发展特征指标

影响因素	维度指标	代理指标
行业发展特征	行业生命周期	产值增长率、企业数量增长率、融资约束
	行业市场结构	资本密集程度、行业结构距离
	行业内竞争程度	市场占有率
	行业技术水平	创新绩效、创新密集度
	产业政策	贷款利率、政府补助、税收优惠

三、外部支持指标

如果有实力较强的企业为被度量企业提供还款担保,可以提高其信用水平,此外,政府补贴、母公司对子公司的支持协议等也可以在某种程度上提高被度量企业的信用水平。

四、突发事件指标

商业信用突发事件既可能来源于企业内部也可能来源于外部,因此突发事件的代理指标也应与企业自身或宏观环境相关,如企业领导人的更换、企业内部的改革和产业政策的变更等。这些指标对于度量商业信用风险尤为重要。

应用于具体商业信用风险度量和评级等工作,结合指标体系构建原则,对经营要素作深入分析,可以选取基本素质、履约能力、产品品牌等具有代表性的指标作为初选指标。

(一)基本素质风险指标

1. 企业的所有权。实践证明,在与客户开展信用交易时,详细了解其股权结构及所有者情况是非常重要的。一个企业的行为往往取决于其控股的股东,同时作为控股公司的母公司与子公司的关联业务关系、财务关系及担保关系等也往往会直接决定和影响企业的偿付能力。

2. 企业的经营范围及所属行业。一方面,通过比较客户现有业务及其合法的经营范围,可以确定该客户经营的合法性及安全性。另一方面,了解客户所属行业的发展状况,有助于对该客户的现状和发展前景作出一个基本的判断。

3. 企业的注册日期和经营年限风险。经营时间往往从一个侧面反映了该客户的能力、业务运作和管理的熟练程度。对于一个新注册企业来说,由于其业务经验和管理能力有限,陷入经营困境甚至破产倒闭的风险要远远大于一个成熟的企业。因此,对于一个注册三年以内,还没有完全度过"黑暗期"的新企业来说,与其开展业务时,应格外慎重。

4. 企业的内部组织机构和主要管理者企业作为一个法人,其市场信用行为与其内部组织机构的合法性、合理性有密切关系。很难想象一个组织混乱的企业能够对信用行为负责，如有些企业在对外付款的内部审批程序上随意性太大，内部控制的漏洞较多，也不注重自己的信誉，这样的企业合法守信经营的能力就会降低。另外，企业的主要管理者，尤其是董事长和总经理，他们个人的状况往往影响着企业的信用行为。因此，应尽可能地搜集有关他们的信息。

5. 制度建设。主要考察企业股东大会、董事会、监事会和企业管理制度，规范的制度建设是企业内部强化管理的特征向量，这些指标属于定性指标，可以将其分为很健全、比较健全、一般健全和不健全4个等级，分别对其进行赋值，就可以实现定量化的评估。

6. 管理效率。管理也是生产力，较高的管理效率一方面说明企业具有较强的竞争能力，另一方面也说明企业内部控制制度比较好。实际上管理效率是检验公司管理层能否驾驭公司为实现既定总目标而领导全体员工实现各个阶段性目标的有效指标。合同履约率、目标实现程度和平均交货期三个子指标能更好地体现企业各阶段目标的实现情况。

7. 职工素质。主要是考察企业管理层素质、技术人员素质、普通员工素质，对于这些指标的评定方法主要参考接受教育程度和工作经验两个方面。

8. 资产质量。资产质量分析主要考虑资产的知识含量及装备的新旧程度等，因此主要选择自主知识产权程度、工艺及设备的先进性和设备的新旧程度三个指标。

（二）履约能力风险指标

交易信用风险可以分解为信用交易合同的公平性、信用交易的履约水平和平均变现天数三个指标。其中信用交易合同的公平性可以进一步分解为设置不公平条款和履行合同的意愿两个子指标，信用交易的履约水平可进一步分解为惯性拖欠率、故意拖欠率和恶意拖欠率三个子指标。

（三）产品品牌风险指标

通过以下指标考察客户的品牌信用或产品能力：

1. 客户产品的生产特征。客户产品的生产特征指标可以分解为生产方式、原材料供应、劳动力供应三个子指标，这些子指标对客户的生产能力会产生重大影响。如产品原材料供应不足，客户便不能及时供应商品，从而影响其营运能力和偿付能力。

2. 客户产品的品质特征。客户的产品品质是其品牌的基础，不仅影响了它的市场表现，而且决定着它的生命。假如一个客户的产品缺少独创性，一味地模仿别人的产品，那么它可能缺少长久、稳定的发展能力而注重短期行为。假如一个客户的产品质量存在严重问题，甚至以次充好，生产假冒伪劣产品，其经营的风险性是显而易见的。客户产品的品质特征指标可以分解为客户产品的设计、款式及质量三个子指标。

3. 客户产品的用户特征。客户用户从一个侧面反映其信用能力。如果客户产品的用户均为有实力且经营正常，我们有理由相信该用户在产品销售及最终付款上的可能性。如果客户产品的用户经营不稳定，则有可能导致该客户的经营受到直接影响，甚至资金周转困难，出现信用不良等问题。可以将客户产品的用户特征进一步分解为目标客户经营的稳定性和目标客户的信用度来表示。

本章小结

随着信用风险理论和度量方法的不断发展，风险度量工作重点依靠使用指标来判断企业的信用风险水平，指标的使用越来越广泛，指标的含义也不断得到拓展。从评价学的观点来看，指标是一种准则，是明确的评价内容，即指评价观测的具体对象；从统计学的观点来看，指标则是描述和反映研究对象数量特征的基本概念和具体数值，在这个层面上，指标的意义就是人们认识复杂的社会问题的中介。商业信用风险度量指标又称为定量分析指标，定量指标是指可以进行准确数量定义、精确衡量并能设定绩效目标的考核指标。在定量分析指标体系中，各指标的评价基准值是衡量该项指标是否符合企业生产基本要求的评价基准。

商业信用风险度量指标是企业建立商业信用风险度量模型的基础，是准确度量商业信用风险的前提。一套科学合理的商业信用风险度量指标体系，并不是多个单一指标的随意组合，而是依据一套合理的构建原则建立起来并能有效反映商业信用风险状况的指标系统。构建商业信用风险度量指标体系时应遵循目的性、科学性、可行性、独立性、代表性、时效性、融合性、合法性原则。指标选取一般分为定性方法、定量方法以及定性和定量相结合方法三种。

商业信用度量

　　财务要素作为商业信用风险度量的核心之一，围绕财务要素提炼相应度量指标，财务报表是按照规定的格式填制，用以揭示企业的盈利能力和财务状况的报表，反映企业的财务实力和潜力，是财务指标的主要来源。财务报表一般包括资产负债表、现金流量表、利润表。由财务报表提炼出来的财务指标包括资产质量指标、资本结构指标、盈利能力指标、现金流能力指标和偿债能力指标等。

　　基于商业信用风险度量的要素分析，同时结合指标体系构建原则，通过对经营要素、公共要素和其他要素分析，分别从宏观环境、行业发展特征、外部支持和突发事件四个方面选取具有代表性的指标作为初选指标，以此评价企业的信用状况。

本章要点

- 指标体系的构建原则
- 指标的选取办法
- 构建指标的一般步骤
- 财务指标
- 非财务类指标

本章关键术语

指标评价法　主成分分析　T检验法　层次分析法　TOPSIS分析方法
财务指标　资产负债率　全部债务资本化比率　营业毛利率　净资产收益率
宏观环境指标　行业发展特征指标　外部支持指标　突发事件指标

本章思考题

1. 简述商业信用风险度量指标的概念。
2. 简述商业信用风险度量指标选取原则。
3. 简述商业信用风险度量指标的选取办法。
4. 论述构建指标的一般步骤。
5. 简单介绍基本财务分析指标。
6. 分析影响企业信用风险的行业发展特征指标。

第四章 商业信用风险度量模型

第一节 传统商业信用风险度量模型

一、专家判断法

在传统信用评级业务中,"5C"法是专家判断法中最基本的决策框架。"5C"法规定了信贷人员审核借款人时的 5 类关键因素,精选了信贷人员所需考虑的因素集合,在一定程度上避免了对敏感因素的两难选择。但是,不同银行在评估信用风险时对关键要素采取不同权重,同一银行的不同信贷人员在挑选权重时也有一定的主观性。这无疑降低了要素分析法的价值。"5C"法的名字来源于 5 组关键要素的英文首字母:Character(品格)、Captial(资本)、Capacity(能力)、Collateral(担保抵押品)和 Cycle Conditions(周期状态)。

品格,是对企业声誉的一种度量,信贷人员重点分析企业借款的真实目的、偿债的意愿及其过往偿债情况。很多研究证据显示,企业存续时间是企业偿债声誉的一个较好的指标。如果信贷人员认为企业在某些方面不够诚实,则不应发放贷款。

资本主要是指借款人的资产与负债。对企业而言,应理清企业所有者的出资情况及其对债务的比率(杠杆率)。杠杆率是衡量企业负债风险和偿债能力的高效指标。杠杆率越高,企业面临的利息支出就越高,从而导致股权收益率指标降低。同时,高杠杆率意味着破产的概率增加。如果银行决定贷款给杠杆率较高的借款人,必然会相应地提高风险溢价。

能力主要是指借款人的还款能力，反映了借款人收益的易变性。假设两家企业未来面临同样的本息偿还要求，在期望收益相等的条件下，如果一家企业的收益不确定性较大，从而现金流相对波动性高，或者有一个较高的标准差，则该企业的偿债能力就会下降，更容易出现违约。商业银行希望借款人有能力产生足够、稳定的现金流来偿还贷款，现金流量的减少和波动增加可能是企业走下坡路的前兆，由于其能力指标较低，商业银行往往会慎贷，即便贷款，也会提高风险溢价。

一般没有抵押物的贷款请求很难得到准许。当违约发生时，有担保情况下，银行就对借款人的抵押物有要求权。这一要求权的优先性越强、相关抵押物的市场价值越高，贷款的风险敞口就越低。信贷人员必须充分了解作为抵押物的资产的市场价值，以及抵押物的使用时间、状态、专用性、技术更新等信息，以保证抵押物的可出售性。

商业周期的状态是决定信用风险敞口的一个重要因素，对受周期影响较大的产业而言尤为如此。经济过热导致的通货膨胀、高利率等所引发的借款人的投机等行为，以及经济衰退导致的行业前景看淡、企业经营收入下降等，都会损害贷款的价值。考察商业周期状态，对政府宏观经济政策的分析具有重要作用。例如，在经济高涨时，对待房地产企业的贷款需求应当谨慎，因为宏观经济政策对房地产行业的限制措施会对一系列关联企业产生重大影响。

除了"5C"法所考虑的关键要素外，一般金融机构根据具体情况还会使用包含其他关键指标的专家系统。例如，"6C"原则——Character（品格）、Capacity（能力）、现金（Cash）、担保抵押品（Collateral）、环境（Circumstance）、监管（Control），或者针对公司信用的"5P"原则——借款人因素（People）、资金使用目的因素（Purpose）、偿还因素（Payment）、债权人权利保障因素（Protection）和远景因素（Perspective）。这些方法的目的和实质性指标都是一致的。

二、专家判断方法的工作步骤

第一步，确定企业为何需要这笔授信，这笔授信申请是否符合国家的政策、满足当前银行的政策和偏好。上述对受信人"5C"的信用分析，是授信者作出授信决定前所需做的最基本的工作。一旦这笔授信业务获得了授信负责人员的认可，债权人便会继续进行下面的信用分析步骤。

第二步，对该企业的财务报表进行分析，尤其是分析该公司的资产负债表和利润表。分析公司的经营能力、偿债能力、财务能力、流动性，以确定公司以往的业务有没有出现过大的起伏、将来是否有这样的趋势和主要风险因素等。

第三步，对该企业的试算表进行分析，因为该表是编制公司资金平衡表和利润表等财务报表的最基本信息来源，通过其可以找出那些隐藏在公司经营过程中的非正常交易。由于人们很难从浓缩出的资金平衡表和利润表中发现问题，因此可以通过试算表衡量近期财务报告是否完整、正确。

第四步，对公司所处的行业结构状况进行认真分析，分析行业的发展趋势、国家的行业政策——政府对该行业的管制状况和中央银行的信贷政策导向等；同时，还应分析公司在该行业的地位、竞争能力、竞争优势和竞争力的持续性。

第五步，根据调查的情况，撰写授信审批所需的资料，包括客户评价报告、授信业务调查报告、项目评估和担保评价报告等。

第六步，进行会议审批，根据上报的授信业务资料，授信人员对授信作出是否同意的审批决策文件。

第七步，经审批同意后，要认真准备和签署授信合同文书。在准备这些文件时，应尽量考虑到所有相关的问题，如提款条件，对债务、投资和担保品扣押权的限制性规定、财务比率和契约，母子公司间担保以及违约条件等。

第八步，授信的发放和回收。银行要按合同约定履行义务，同时要行使授信使用监督权，对授信进行检查，确保按期回收。

三、信用评分模型

判别分析法是信用评分模型的基本分析方法，该分析方法是根据已掌握的分类明确的样品数据，建立一个适当的判别函数，对观测量的分类进行判别，并且在判断其所属类别时的错判率最小，然后对一个待判定的新样本，同样采用此判别函数判断其所属类别，包括距离判别分析方法、贝叶斯判别分析方法和费希尔判别分析方法三种。

第二节　商业信用风险预测类模型

一、Z值模型

(一) Z值模型基本思想

Z值模型是著名财务专家奥特曼设计的一种企业破产预测模型。1968年，美国纽约大学教授爱德华·奥特曼（Edward Altman）分析了美国破产企业和非破产企业的22个财务指标，并根据数理统计中的辨别分析技术，即运用多元判别分析法，从中选出了最能够反映借款人财务状况、对贷款质量影响最大、最具有预测或分析价值的5个关键指标，建立了著名的Z评分模型（Z-score Model，以下简称Z值模型），用以最大限度地区分企业贷款风险度。可以看出Z值模型是通过几个用于分析企业财务健康程度的财务比率计算出来的，所需比率都可以从企业或企业集团的公开报告中获得。

所以，Z值模型是一种对变量预测财务风险的模型，不同于单变量分析法，它以多变量的统计方法为基础，通过大量的实验，将多个财务指标综合起来加以分析判断，从而得出结论，对企业的运行状况、破产与否进行分析和判别。

(二) Z值模型的产生背景

20世纪30年代，菲茨帕特里克（Fitz Patrick）最早发现企业的财务比率能够反映企业的财务状况，并对企业未来的信用发展具有预测作用。计算财务比率是通过比率比较，获得相关企业经营状况的信息。

具体比较的内容有：同一财务比率在不同时期的变动趋势；与普遍接受的"标准"或"正常"财务比率之间的差异；与同行业类似企业财务比率的差异。实践中使用的财务比率种类非常多，目前还没有普遍接受的官方财务比率组合。但一般的财务比率分析都会考虑盈利能力比率、财务风险比率、流动性比率、营运资金或现金循环周期比率四类比率。财务比率法因概念清晰、计算简便而得到广泛应用。

然而，一般要事先确定相关财务比率的标准值，然后用实际值与标准值进行比较。此标准值因行业不同而不同，即使同一行业的不同企业也因所受内外环境影响不同而有所差异，而同一企业在生产经营的不同时期，同一财务比率的值有所变化也属正常。标准值难以确定，使财务比率用于信用评价与决策受到限制。所谓标准值，常常过多地依赖个人经验而不是客观事实。财务比率分析法的另一个缺陷是需要分析的比率数量非常大，有时不同的比率之间会互相冲突，比如流动性好的企业可能盈利能力很差。

由此，人们开始探讨一个单一的、反映企业财务状况的指标，使得信用分析人员可以依靠这个指标作出决策。以 Beaver（1966）为开端，针对单一财务变量分析发现"现金流量/负债总额"是预测违约的最佳指标，这就是单变量信用分析模型，从而财务危机的研究开始引起人们的关注。但是单一指标具有一定的局限性，这些财务比率通常只单独显示企业的财务健康状况，可能无法衡量企业运营的复杂和多变的情况，有时解释上甚至出现抵触，令投资者不知所措。

基于单变量模型的缺点，研究者希望能够对各个具有代表性的财务比率赋予不同的权重，组成一个综合的财务指标体系，以评估企业信用风险，由此发展出了多元判别模型。它是以寻找一组自变量的线性组合，并按照该线性组合将样本区分为不同特性的组别的方法。而判别函数的构建，是以各组组间变异对组内变异比值最大为原则，使各组间差异极大，以达到最佳判别力。以判别函数值来对样本进行分类，可找出各企业违约可能性的高低，然后加以评分。其优点是可同时考虑多项财务指标，在一定程度上能够衡量企业整体绩效，可找出具有判别能力的财务比率；其缺点是判别分析变量需要符合常态假设，而财务比率并不符合，分析结果仅能够作程度高低排序，模型无法处理非线性问题，不能有效处理非量化变量，变量须先标准化，变量的选取无任何理论基础，可能导致变量选择的偏差，影响模型的分析能力。

1968 年，美国纽约大学著名不良债券学者爱德华·奥特曼（Edward Altman）教授发展出了多变量信用风险分析模型，即建立包含 5 个财务比率指标的线性判别模型，率先将线性判别法应用于财务分析的信用风险评估，通过对"健康"企业和"失败"企业样本数据对比分析而发表了其成名的 Z 值模型，作为评价企业信用的风险的简单方法。

(三) 模型的构建与局限

Z 值模型构建过程采用统计分析中的多元分析法，具体做法为：

1. 选择能够把健康企业和失败企业区分开的指标；
2. 计算每一指标的系数，从而构建 Z 值模型。

Z 值模型构建思路

$$Z - Score = C_1 X_1 + C_2 X_2 + C_3 X_3 + \cdots + C_n X_n$$

其中，X_1，X_2，X_3，…，X_n 是模型选用的指标；C_1，C_2，C_3，…，C_n 是每个指标对应的系数。

由于模型简便、成本低、效果佳，Z 评分模型已被商业化，广泛应用于美国商业银行，取得了巨大的经济效益。受美国影响，日本、德国、英国、法国、澳大利亚和加拿大等许多发达国家，以及巴西等发展中国家的金融机构都纷纷研制了各自的判别模型。虽在变量上的选择各有千秋，但总体思路与奥特曼如出一辙。

然而，在实践中，评分模型的预测能力因以下几个方面的缺陷而大打折扣：

第一，模型依赖财务报表的账面数据，忽视了各项资本市场指标，对市场的变化不够灵敏。

第二，模型假设解释变量中存在着线性关系，而现实经济现象是非线性的，削弱了预测结果的准确程度，使得模型不能精确地描述经济现实。并且仅考虑了两个极端的情况（违约与不违约），对于负债重整或者虽然发生违约但是回收率依然很高的情况没有作出详细的分类。

第三，模型无法计量企业的表外信用风险，且对某些特定行业的企业如公用企业、财务公司、新公司及资源企业也不适用，同时，也无法计算投资组合的信用风险，因为 Z 值模型主要针对个别资产的信用风险进行评估，对整个投资组合的信用风险无法衡量，因而该模型的使用范围受到较大限制。

第四，权数未必一直是固定的，必须经常调整，财务指标的选取也缺乏经济学理论基础，并不能解释其他指标对企业信用风险是否同样具有预测能力。

(四) Z 值模型的发展与应用

即便如此，Z 值模型仍是目前使用最为广泛的模型，几乎所有国家都依据

Z 值模型开发出适合各地的财务危机模型。Z 值模型主要有以下几种类型。

1. 第一代模型。

(1) Z_1 模型。

$$Z_1 = 1.2X_1 + 1.4X_2 + 3.3X_3 + 0.6X_4 + 0.999X_5$$

其中：$X_1 =$ (流动资产 − 流动负债)/资产总额

$X_2 =$ 未分配利润/资产总额

$X_3 =$ (利润总额 + 利息支出)/资产总额

$X_4 =$ 权益市场值/负债总额

$X_5 =$ 销售收入/总资产

奥特曼认为当 $Z \geq 3.0$ 时，说明企业的财务状况良好；当 $2.7 \leq Z < 2.99$ 时，企业要特别谨慎，以免发生危机；当 $1.8 \leq Z < 2.7$ 时，企业如果不依据财务数据改善公司经营和财务状况，两年内破产的概率很大；当 $Z < 1.8$ 时，说明企业的破产风险很大。但是 Altman 发现在 1.81～2.99 会产生错误的分类，因此，他认为这一区间是忽略区域。

该模型在破产前一年的预测准确度高达 95%，但在破产前两年的准确度降低至 72%。故 Altman 的研究结论指出区别模型对于企业失败的预警只限于短期有效，超过两年以上不适用。这一模型虽然已出现五十多年，但经过一系列检验，即使到现在，这一模型的分类仍然保持较高的准确性。

(2) Z_2 模型。

$$Z_2 = 0.717X_1 + 0.847X_2 + 3.107X_3 + 0.420X_4 + 0.998X_5$$

其中，$X_4 =$ 权益/负债总额，X_1、X_2、X_3、X_5 含义同上。

奥特曼认为 Z 小于 1.23，风险很大；Z 大于 2.9，风险很小；1.23～2.90 是忽略区间，该模型主要针对非上市企业。

(3) Z_3 模型。为了将模型的应用扩展到非制造企业，Altman 又开发了 Z_3 模型，在这模型中，作者将指标 X_5 剔除，因为这一指标包含了销售收入数据，而销售收入是一个行业差异非常显著的数据，Z_3 模型的表达式为

$$Z_3 = 6.56X_1 + 3.26X_2 + 6.72X_3 + 1.05X_4$$

其中，X_1、X_2、X_3、X_4 的含义同 Z_1 模型。

奥特曼认为 Z 小于 1.10，风险很大；Z 大于 2.6，风险很小，该模型主要

适用于非制造企业。

当将这一模型在新兴市场经济国家使用时,还需在表达中加一个常数项 + 3.25,这样做的目的是使得债信等级为 D(违约级)的被评估对象的 Z 评分刚好为 0。

2. 第二代模型。Z 值模型建立几年后,出现了一些新的情况,破产企业的规模逐渐扩大,出现了大型企业破产的情况。于是,1977 年,奥特曼等人提出了第二代 Z 评分模型:ZETA 信用风险模型,主要用于公共或私有的非金融类公司,其适应范围更广,对违约概率的计算更精确,ZETA 信用风险模型考察指标增加到七个,分别是资产收益率、收益稳定性、偿债能力、盈利积累能力、流动性、资本化程度、规模,指标算法如下:

资产收益率指标:x_1 =(企业利润/资产总额)×100%;

收益稳定性指标:x_2 是指公司资产收益率在 5~10 年变动趋势的标准差;

偿债能力指标:x_3 = 企业息税前利润/利息费用;

盈利积累能力指标:x_4 = 留存收益/总资产,(该指标能够反映公司经营寿命长短、股利政策、盈利历史等信息,因此它在对公司信用评估中非常重要);

流动性指标:x_5 = 企业流动资产/流动负债;

资本化程度指标:x_6 = 普通股/总资本,其中,普通股一般用年市场价值的平均值代入,总资本除了普通股之外,还包括优先股、长期债务以及融资租赁资产(该比率越大,说明公司资本实力越强,违约概率越小);

规模指标:x_7 = 公司总资产的对数。

由于模型简便、成本低、效果佳,Zeta 模型已被商业化,广泛应用于美国商业领域,并取得了巨大的经济效益,美国还专门成立一家 Zeta 服务有限公司,著名的美林证券也提供 Z 值统计服务。受美国影响,日本、德国、法国、英国、澳大利亚和加拿大等许多发达国家的金融机构都纷纷研发了各自的判别模型,虽然这些模型在变量的选择上各有特点,但是总体思路与 Altman 如出一辙。

(五)Z 值模型与 ZETA 模型应用对比

研究表明,ZETA 模型对破产前 5 年的企业分类十分精准,破产前 1 年的分类准确率超过 90%,破产前 5 年的准确率也达 70%,而且对零售业和制造业企业分析结果一致,不影响预测结论。

表 4-1 比较了 ZETA 模型与 Z-score 模型(表格中简称 Z 值模型)分类准确率,两个模型对破产前 1 年的破产企业准确率都是较高的,但是 ZETA 模型对破产前 2~5 年分类准确率的持续性更高。由最后两列可以看出,ZETA 模型比 Z-score 模型在企业的长期财务危机预测上有更好的效果。

表 4-1　ZETA 模型与 Z-score 模型在企业信用风险分析中的对比

破产前年数	ZETA 模型		Z-score 模型		ZETA 的样本用在 Z 值模型		Z-score 的样本用在 ZETA 模型	
	破产	非破产	破产	非破产	破产	非破产	破产	非破产
1	96.2	89.7	93.9	97.0	86.8	82.4	92.5	84.5
2	84.9	93.1	71.9	93.9	83.0	89.3	83.0	86.2
3	74.5	91.4	48.3	—	70.6	91.4	72.7	89.7
4	68.1	89.5	28.6	—	61.7	86.0	67.5	87.0
5	69.8	82.1	36.0	—	55.8	86.2	59.2	82.1

1. 样本选取。前文介绍了"Z 值模型"这一财务危机预警的经典模型,为了使读者更好地掌握这一模型,并考察其在我国目前市场环境中的有效性,在此,我们尝试使用该模型对我国沪深两市 A 股制造业上市公司进行分析,以此对"Z 值模型"的信用风险预警能力进行分析与检验。

Altman 创建这一模型时使用的样本是制造业企业,我们同样选取制造业企业进行分析。本例中所述制造业企业,是按照中国证监会《上市公司行业分类指引》的行业分类方法选取的、我国沪深两市 A 股市场全部的制造业企业。我国证券市场存在 ST(特别处理)以及 *ST(退市风险预警)制度,我们以此作为是否遭遇财务危机的划分依据,将 2013 年被 ST 和 *ST 的公司(包括 2012 年 *ST 在 2013 年脱帽为 ST 的公司、2012 年 ST 后 2013 年又被 *ST 的公司和 2012 年 ST、*ST 后 2013 年仍维持 ST、*ST 的公司)作为财务危机公司的样本,替代"Z 值模型"中的破产公司。通过金融数据库获取所选样本的历史财务数据,使用"Z 值模型"计算出它们的 Z 值。

2. 样本分类结果分析。我们将非 ST 类制造业和 ST 类制造业两组 Z 值的分布进行统计,得出表4-2,结果显示:ST公司中,20××年分类正确率为60.47%,非ST公司中,2012年分类正确率为61.36%,总体分类正确率为61.31%,错误率为18.74%,灰色区域占19.95%。Altman的"Z值模型"的统计结果是:破产前一年模型的破产组分类准确率为94%,非破产组分类准确率为97%。相比而言,"Z计分模型"对我国制造业上市公司的判别能力相对较低。

表4-2　　　　　　　　　20××年制造业企业Z值分布

样本	判别值（Z值）	数量	占样本比重	样本小计
ST类制造业	$Z>2.99$	24	27.91%	86
	$1.81 \leq Z \leq 2.99$	10	11.63%	
	$Z<1.81$	52	60.47%	
非ST类制造业	$Z>2.99$	913	61.36%	1488
	$1.81 \leq Z \leq 2.99$	304	20.43%	
	$Z<1.81$	271	18.21%	

数据来源:Wind数据库。

3. 超前预测的准确性分析。任何公司从出现财务危机,继续恶化乃至最终破产都要经历一段过程,Altman的"Z值模型"针对破产前一年的分类准确率为95%,破产前两年的准确度为82%,随着事件的增加,预测能力逐渐降低,当超过两年以上时,此模型便不适用。为检验"Z值模型"对我国市场上超前预测的准确性,我们对ST组样本中的公司作了被ST前5年的预测,结果如表4-9所示。结果显示,"Z值模型"的预测结果起伏较大,似乎具有一定的预测能力,但十分有限。同时,距离发生信用危机时点的时间远近也并未与预测正确率有明显的关联。

表4-3　　　　　　　"Z值模型"对ST类公司前五年的分类结果

被ST	样本数目	预测正确	预测错误	预测正确率
前一年（2012年）	86	52	34	60.47%
前二年（2011年）	86	60	26	69.77%
前三年（2010年）	86	45	41	52.33%
前四年（2009年）	86	48	38	55.81%
前五年（2008年）	86	60	26	69.77%

数据来源:Wind数据库。

4. 得出结论。通过以上运用"Z值模型"对我国A股制造业企业的Z值进行分析与验证，可以发现该模型对于公司的信用风险状况的确具有一定的判别能力，但相较于Altman创建该模型时所做的实证结果，判别能力减弱许多。同时，距发生信用危机时点越远正确率越低的结论也没有得到验证，这表明"Z值模型"在我国目前市场上的预测能力相对较弱。

或许，我们可以将"Z值模型"在我国适用性不佳归于以下原因：首先，"Z值模型"是以美国企业为样本建立的，用于对中国企业的判别不一定合适。其次，我们是以ST和*ST的企业作为陷入财务危机的企业样本，这与"Z值模型"以破产与否将企业分组有着本质区别，因此必然会降低"Z值模型"的判别正确率。再次，"Z值模型"中Z值划分标准不一定适合目前我国的市场情况，统一以1.81为界限必然影响分析结果。最后，我国股票市场运行时间较短，许多方面仍待进一步规范，股票价格不一定能完全反映企业的健康状况和市场价值。

通过本例我们可以看出，使用"Z值模型"度量我国上市公司的信用风险似乎并不那么可靠。想要使其在我国市场上仍能发挥优势，应当联系我国市场的实际情况，重新筛选指标并调整权重，建立新的判别模型，重新划分Z值区域，由此得出适用于我国市场的新模型。

二、A值模型

1. A值模型基本思想。A值模型由约翰·阿根廷在《企业破产》一书中首先提出，A值模型是以更客观的判断为基础的企业破产预测模型，是对"Z值模型"的修正。其不仅利用财务比率，还考虑了管理不善可能导致企业破产的因素。

2. A值模型产生背景。在"Z值模型"中，财务比率都是依靠企业公开报表提供的数据计算出来的。而处于财务困境的企业往往会利用各种手段来粉饰企业的财务报表，仅根据财务报表数据计算的结果不能反映企业的真实情况，A值模型正好克服了这一缺陷。

阿根廷将管理不善划分为很多明细的因素，如独裁管理、首席执行官和董事长由同一人担任，董事会不起积极作用，董事会成员构成不平衡，会计系统不完善，没有预算约束，没有成本管理体系，企业无法应对市场变化等。管理不善的企业往往存在这样的行为，如过度交易、所推进的大型项目出现问题、财务融资比率过高等。同时，管理不善的企业还会出现一系列恶化征兆，如财务比率恶化、管理层开始使用"寻机性会计"的方法修饰报表、非财务指标恶化、企业在最后几个月进入衰退"典型期"等，这些也都是A值模型要进行分析的因素。

3. A值模型的应用。通过分析管理不善的所有现象，并给每个现象设定最高分值，测试企业时，根据企业表现打出相应的分数来预测企业潜在的破产风险。在总分为100分的情况下，若企业得分超过25分，则该企业就有潜在的破产风险。企业管理不善的现象与分值如表4-4所示。

表4-4　　　　　　　　　　企业管理不善的现象

缺陷	最高分值
1. 独裁管理	8
2. 董事长和首席执行官是同一个人	4
3. 董事会不起积极作用	2
4. 董事会成员构成不平衡	2
5. 财务总监权力不大	2
6. 管理不够充分有效	1
7. 没有预算约束	3
8. 没有现金流计划或现金流报告	3
9. 没有成本系统	3
10. 对市场变化反应缓慢	15
总计	43
及格线	10
错误	
11. 财务杠杆率过高	15
12. 过度交易	15
13. 正在推行大型项目	15
总计	45
及格线	15
征兆	

续表

缺陷	最高分值
14. 财务指标恶化	4
15. 寻机性会计	4
16. 非财务指标恶化	3
17. 出现终结现象	1
总计	12
及格线	0
总分数	100
及格线	25（或者低于25）

三、马萨利模型

马萨利模型由亚历山大·马萨利建立，利用了5个特定的财务比率，是"Z值模型"更普遍的应用。其易于计算，且比"Z值模型"还多一个功能，即在预测企业破产可能性的同时，还能衡量企业实力的大小。所用的五个财务比率指标为：

1. （税前利润＋折扣＋递延税）/流动负债，用于衡量企业业绩。
2. 税前利润/营运资本，衡量营运资本回报率。
3. 股东权益/流动负债，衡量股东权益对流动负债的保障程度。
4. 有形资产净值/负债总额，衡量扣除无形资产后的净资产对债务的保障程度。
5. 营运资本/总资产，衡量流动性。

以上5项比率总和便是该模型的最终得分，得分很低或出现负数，均表明企业前景不妙。

第三节 商业信用风险管理类模型

一、营运资产分析模型

营运资产分析模型主要用来评估客户的资金和信用实力，并可以核定客户的具体信用限额。该模型最大的贡献在于它提供了一个计算信用额度的思路：对不同风险客户信用的评估值，给予一个比例，按照此比例和营运资本确定信用额度。其计算分为四个步骤：

1. 营运资产计算。

$$营运资产 = （营运资本 + 净资产）/2$$
$$营运资本 = 流动资产 - 流动负债$$

净资产即为企业自有资本或股东权益，营运资产是衡量客户规模的尺度，可以作为确定信用额度的基础指标。

2. 资产负债比率计算。在营运资产计算的基础上，该模型还应用四个常用的资产负债比率进行计算：

（1）流动比率 = 流动资产/流动负债×100%

（2）速动比率 = （流动资产 - 存货）/流动负债×100%

（3）短期债务净资产比率 = 流动负债/净资产×100%

（4）债务净资产比率 = 负债总额/净资产×100%

其中，流动比率和速动比率用于衡量客户的资产流动性，短期债务净资产比率和债务净资产比率用于衡量客户的资本结构。流动比率越高，表明客户的短期偿债能力越高，债权人的风险越小，反之，债权人的风险越大；资本结构比率越高，说明客户的净资本相对越少，债权人的风险越大，反之，债权人的风险越小。

3. 计算评估值。

$$评估值 = 流动比率 + 速动比率 - 短期债务净资产比率 - 债务净资产比率$$

评估值综合考虑了资产流动性和负债水平两个最能反映客户偿债能力的因素。评估值越大，表示客户的财务状况越好，风险越小。

4. 信用限额的计算。将前面的营运资产和评估值加以综合考虑，即可计算客户的信用限额：

$$信用限额 = 营运资产 \times 营运资产百分比率$$

其中，营运资产百分比率是由评估值来确定的，评估值代表了评估的信用等级，在不同的信用等级上，给予的营运资产百分比率是不同的。

由于营运资产分析模型并未全面考虑影响信用风险的因素，因此依据此模型计算出来的信用限额只能作为企业进行信用销售的参考，实际信用额度的确定还要考虑不同行业的特点和企业的信用目标等因素，而且要不断根据企业的信用销售政策和当前的信用销售总体水平进行调整。与 Z 值模型和马萨利模型相比，营运资产分析模型比较简单，易于操作，但它不能用来预测客户的破产可能性。

二、特征分析模型

特征分析模型采用特征分析技术对客户所有财务和非财务因素进行归纳分析，特征分析技术是一种对客户方面的特征进行区分和描述的方法，它是从企业多年信用分析经验中发展起来的一种技术，从客户的特征中选择出对信用分析意义最大、直接与客户信用状况相联系的若干特征，把它们编为几组，并对这些特征不同表现的含义予以说明，进行综合分析，最后得到一个较为全面的分析结果。

特征分析技术将客户信用信息分为三大类特征 18 个项目：

1. 客户特征，包括外表印象、产品概要、产品需求、竞争实力、最终顾客和管理能力。

2. 优先特征，包括交易盈利率、产品质量、对市场吸引力的影响、对市场竞争力的影响、付款担保和替代能力。

3. 信用特征，包括付款记录、资信证明、资本和利润增长率、资产负债表状况、资产结构比率和资本总额。

特征分析模型的计算过程分为四步：

1. 在 1~10 分范围内对每一特征进行打分，客户企业的某项指标情况越好，分数就越高。具体做法为：对每一个项目制定一个衡量标准，分为好、中、差三个层次，每个层次对应不同的分值。

2. 根据预先给每项指标设定的权数，用权数乘以 10，计算出每一项指标的最大评分值，再将这些最大评分值相加，得到全部的最大可能值。

3. 用每一项指标的评分乘以该项指标的权数，得出每一项的加权评分值，然后将这些加权评分值相加，得到全部加权评分值。

4. 将全部加权评分值与全部最大可能值相比，得出百分率，该数字即表示对该客户的综合分析结果。百分率越高表示该客户的资信程度越高,越具有交易价值。

表4-5　　　　　　　　　特征分析模型对客户的分级

信用得分	信用等级	信用评价
0~20	E	收集的客户信用特征不完全,信用风险不明朗,或存在严重的信用风险,不进行赊销交易。
20~40	D	交易的风险较高,交易的吸引力低,建议尽量不与之进行赊销交易,即使进行,也不要突破信用额度,并时刻监控。
40~60	C	风险不明显,具有交易价值,很可能发展为未来的长期客户,可适当超出信用额度进行交易。
60~85	B	交易风险小,是很有吸引力的客户,具有良好的长期交易前景,可给予较大的信用额度。
85~100	A	交易风险很小,应主动提供优惠的信用条件以吸引客户。

利用特征分析模型可以调整信用销售额度,对客户进行评价,与其他分析模型相互印证。一笔交易的信用风险不仅取决于客户的付款能力,还取决于到期付款意愿。特征分析模型既考虑了财务因素,又考虑了非财务因素;既考虑了付款能力,又考虑了付款意愿。另外,企业从多渠道获得的客户信息也可以在特征分析模型中加以利用,与"Z值模型"、马萨利模型和营运资产分析模型主要以财务分析为主相比,特征分析模型克服了这方面的局限,是值得企业广泛采用的一种有效方法。

在现实操作中,特征分析模型的分数级别并不存在固定的一种分法,这也是该模型的缺陷所在,即分数等级不固定,有的信用分析师也将其分为四个等级,首先确定企业的赊销额度,企业可以根据该赊销额度进行调整,在调整的过程中也运用运营资产模型相关分析。营运资产分析模型是1981年在国外提出并被广泛使用的一种分析模型,营运资产分析模型的计算分营运资产计算、资产负债比率计算和评估值计算三个步骤,该模型通过对一些财务指标的分析,在计算客户信用额度方面具有非常实用的价值,但它不能用来预测客户破产的可能性。

表 4-6　　　　　　　　　根据特征分析模型调整赊销额度

最终百分率	可超出赊销额度的数量
0~20	0
21~45	赊销额度×21% – 赊销额度×45%
46~65	赊销额度×（46%+0.5%） – 赊销额度×（65%+0.5%）
66 以上	赊销额度×（66%+1.0%）以上

例如，A 公司的最终百分比为 50%，根据营运资产分析模型得出对其赊销额度为 10000 元，则根据特征分析模型调整后的赊销额度为 10000×（50%+0.5%）+10000=15050（元）

然后根据表 4-6 的计算结果与其他分析模型的结果互相印证，最后对客户进行信用风险评价。

可见，一笔交易的信用风险不仅取决于客户的付款能力还取决于客户的付款意愿。特征分析模型既考虑了财务因素又考虑了非财务因素；既考虑了付款能力又考虑了付款意愿。此外，企业从多渠道获得的客户信息（如销售人员获得的客户信息）也可以在特征分析模型中加以利用。预测类模型和营运资产分析模型主要以财务分析为主，特征分析模型克服了这方面的局限，是值得企业广泛采用的一种有效方法。此外，特征分析评估结果也可用于确定与客户交易额度的参考。

三、其他模型

（一）期权分析模型

期权分析模型是以 Black – Scholes – Merton 模型为基础来衡量企业违约的概率。利用期权分析模型可以估算企业价值，企业违约概率用企业资产价值低于债务的概率表示。

（二）等级预测模型

等级预测模型主要有简单差异预测模型和多元差异预测模型，其中除简单差异预测模型需要的财务数据量不多外，多元差异预测模型与财务比率及信用评分一样，都是建立在大量财务数据和数理统计基础上而完成的。

1. 简单差异预测模型。企业将客户分为几大类，比如"信用好""信用较好""信用一般""信用较差"及"信用差",然后将客户进行归类,进行相应的管理。简单差异预测模型适合于企业规模较小或客户数量不多的企业。

2. 多元差异预测模型。多元差异预测模型是选择一组因素,这些因素的线性组合可以将客户信用分为不同特性的组别,使得各组间信用差异对组内差异比值最大,即各个组内客户的信用差异较小,组与组之间的差异较大,达到最佳的区别效果。依此对客户的信用状况分类,然后对分类后的客户进行跟踪,根据客户的实际信用状况与分类结果进行比对后的情况,对所选因素进行调整。多元差异预测模型可以发现客户信用的主要因素,从而通过监控这些因素对客户的整体信用风险进行管理。

(三)蒙特卡罗模拟

蒙特卡罗模拟是通过计算机模拟来实现的。企业首先确定影响客户信用的因素,每个因素的概率分布及因素之间的相互影响,然后通过计算机模拟来形成各个因素之间的组合,对于每种因素的组合,根据一定的运算法则,都会得出一个相应的有关客户履约的值,可以是客户违约比率、客户实际支付比例等,然后对在各种组合下得到的值进行分析,进而进行信用评价,防范信用风险。

(四)线性概率模型

概率模型是用一个可观测的函数来表示事件的可能性,通常选取被度量公司财务指标的一个线性组合,直接计算出公司未来的违约概率。

线性概率模型(Linear Probability Models,LPM)中被解释变量表示被度量公司的信用状况,且设定其信用状况为违约或者不违约两种状态,因此被解释变量属于二分类变量。

按照公司的历史数据和违约情况,运用最小二乘法回归估计模型中的未知参数。估计得到的模型反映公司的财务指标和信用状况之间的相关性,并且可以预测公司未来违约或者破产的概率,进而判断其风险级别。

(五)非线性概率模型

在一些特殊情况下,影响商业信用风险的因素与是否发生商业信用风险结果之间并非存在简单的线性关系,此时我们将要用到非线性概率模型,包括Logit、Logistic和Probit模型等。这些模型的共同点是违约事件是一个二分变量(发生与不发生)或者离散型变量。

【延伸阅读】

一、线性概率模型介绍

(一) 模型的基本描述

在线性概率模型中可以将违约概率看作一个虚拟变量,即将公司的信用状况分为违约类和非违约类,因此被解释变量仅取二分类值(0 或 1),可建立如下线性回归模型:

$$Y_i = \sum_{j=0}^{n} \beta_j X_{ij} + \varepsilon_i$$

上式中,Y_i 代表第 i 个公司的信用品质:$Y_i = 1$ 表示违约,$Y_i = 0$ 表示不违约;X_{ij} 代表第 i 公司的第 j 项衡量信用品质的解释变量;β_j 为各解释变量的系数;ε_i 为残差序列。

假设 $Y_i = 1$ 的概率为 P_i,则 $Y_i = 0$ 的概率为 $(1 - P_i)$,因此 Y_i 服从二项分布,$Y_i \sim B(1, P_i)$。

对上式求期望可得

$$E(Y_i \mid X_{i1}, X_{i2}, K, X_{in}) = \sum_{j=0}^{n} \beta_j X_{ij} \tag{1}$$

由二项分布期望性质可得

$$E(Y_i \mid X_i) = 1 \times P_i + 0 \times (1 - P_i) = P_i \tag{2}$$

P_i 为公司的违约概率,将式(2)代入式(1)得:

$$P_i = \sum_{j=0}^{n} \beta_i X_{ij}$$

(二) 变量说明

假设一元线性概率模型形式为

$$Y = \beta X + \varepsilon$$

$$E(Y) = 1 \times P + 0 \times (1 - P) = P$$

于是有 $E(Y) = \beta X = P$。可以发现 X 每变动一个单位总是导致预期违约概率期望值 $E(Y)$ 相应增加一个固定量,此固定概率增量由回归系数 β 表示。

在线性概率模型中,回归系数的含义可表示为解释变量每变动一个单位,公司预期违约概率的边际增量。

二、非线性概率模型介绍

(一) 潜在变量

在建立回归时,若数据可以直接观测,则这些变量被称为可观测变量,例如人的年龄、消费金额等。然而一些变量如文化水平、人的智商等不能被直接观察到,但是它们又与其他一些可测变量存在联系,这类变量被称为不可观测变量(Unobservable Variables)。

不可观测变量可分为两类:第一类可使用可观测的代理变量(Proxy Variables),其本身不可直接度量,但能够被与之关系密切的近似项代表。例如,受教育年限与文化水平关系密切,可近似表示研究对象的文化水平。

第二类被称为潜在变量(Latent Variables),用以表示难以直接观测的抽象概念的变量。潜在变量可通过代表潜在变量的决定因素或衡量指标的可测变量推算得到。如人的智商是抽象的不可度量的潜在变量,将智力测验结果作为相关指标衡量估计人的智商,其中智力测验就是可测变量。

(二) 潜在变量在非线性概率模型中的应用

1. logistic 模型。

假设有可观测的二分类变量 Y,$Y=1$ 为事件发生(违约),$Y=0$ 为事件不发生(不违约)。存在一个与 Y 对应的潜在变量 Y^*。当该变量大于临界点或阈值 C 时事件发生,即

$$Y = \begin{cases} 1 & Y^* \geq 0 \\ 0 & Y^* < 0 \end{cases}$$

公司违约的可能性仅代表一种倾向,因此 Y^* 是不可观测的潜在变量;而公司是否违约是可观测的,仅需收集公司的违约记录或还款情况,就能判断公司发生或不发生违约行为,发生违约则 $Y=1$,不违约则 $Y=0$。因此可以用 Y 的观测值来刻画潜在变量。

取临界值 $C=0$,当 $Y^* > 0$ 时,违约可能性突破临界点,表示可能违约($Y=1$),则 $P(Y=1|X) > 0$;当 $Y^* < 0$ 时,$P(Y=1|X) < 0$。违约概率 P 越大,违约可能性 Y^* 越大。因此以潜在变量 Y^* 代表事件发生可能性,突破了概率属于 $[0,1]$ 的限制。

假设 Y^* 与解释变量之间存在线性关系,满足 $Y^* = \beta X + \varepsilon$,当 $Y=1$ 时可

作如下转换：
$$P(Y=1|X) = P(Y^* > 0) = P(\beta X + \varepsilon > 0) = P(\varepsilon > -\beta X)$$

其中，ε 被定义为解释变量的线性函数，即 $\varepsilon = \beta X$。假设误差项 ε 服从 Logistic 分布或标准正态分布，进而可分别推导出累积分布函数，所以 ε 的分布函数对称，则

$$P(\varepsilon > -\beta X) = P(\varepsilon < \beta X) = F(\beta X)$$

其中，F 为 ε 的累计分布函数，分布函数的形式依赖 ε 的假设分布。若假设误差项服从 Logistic 分布，则为 Logistic 模型，再进行对数发生比转换即可得到 Logit 模型：

$$P(Y=1|X) = P(\varepsilon < \beta X) = F(\beta X) = \frac{1}{1+e^{-\beta X}}$$

若假设误差项服从标准正态分布，则为 Probit 模型：

$$P(Y=1|X) = P(\varepsilon < \beta X) = F(\beta X) = \varphi(\beta X) = \int_{-\infty}^{\beta X} f(\beta X) d(\beta X)$$

（1）Logistic 模型转换。

Logistic 分布函数为

$$F(Z_i) = \frac{1}{1+e^{Z_i}} = \frac{e^{Z_i}}{1+e^{Z_i}}$$

令

$$Z_i = \beta_0 + \beta_1 X_{i1} + \beta_2 X_{i2} + \cdots + \beta_n X_{in} = \sum_{j=0}^{n} \beta_j X_{ij} = B^T X_i$$

得

$$P_i(Y_i = 1 | X_i) = \frac{1}{1+e^{-B^T X_i}} = \frac{1}{1+e^{-Z_i}}$$

当 Z_i 趋向于正无穷时，P_i 趋近 1；
当 Z_i 趋向于负无穷时，P_i 趋近 0。
表达式为

$$\lim_{Z_i \to +\infty} P_i = \lim_{Z_i \to +\infty} \frac{1}{1+e^{-Z_i}} = 1$$

$$\lim_{Z_i \to +\infty} P_i = \lim_{Z_i \to +\infty} \frac{1}{1+e^{-Z_i}} = 0$$

在函数中，P 不会超出区间 $[0,1]$，且概率分布具有 S 形分布，并且在 0 和 1 附近取值时对解释变量的变化不敏感。

Logistic 函数不是线性函数，即 P_i 与 X_{ij} 或 β_j 是非线性关系，不适合直接进行 OLS 估计，因而引入 P_i 的 Logit 变换。

Logit 变换是指在进行回归分析时，将发生的条件概率转换成发生比（Odds），又称胜算比，即发生概率相对于不发生概率的强度，然后再取对数，使得 Logistic 函数具备线性的特性。因此，被解释变量变为发生比的对数并成为解释变量的线性函数。

发生比为

$$odd = \frac{P_i}{1-P_i} = e^{Z_i} = e^{\sum_{j=0}^{n}\beta_j X_{ij}} = e^{B^T X_i}$$

将胜算比取自然对数，可以转化为线性函数：

$$\ln(odd) = \ln\left(\frac{P_i}{1-P_i}\right) = \sum_{j=1}^{n}\beta_j X_{ij} = \beta_0 + \beta_1 X_{i1} + \cdots + \beta_n X_{in}$$

因此，可以得到 Logit 模型的一般形式，用 L 代表发生比的值，即

$$L = \ln\left(\frac{P_i}{1-P_i}\right) = \sum_{j=0}^{n}\beta_j X_{ij} = B^T X_i$$

其中，当 P_i 从 0 向 1 变化时，$\ln\left(\frac{P_i}{1-P_i}\right)$ 的取值就从 $-\infty$ 到 $+\infty$ 变化，用 $\ln\left(\frac{P_i}{1-P_i}\right)$ 替代 P_i，可以突破概率 $[0,1]$ 的限制。

（2）变量说明。在 Logit 模型中，函数线性组合中 L 的意义不同于判别模型中的判别分数 Z，此处的 L 是发生比取对数，是发生违约的概率与不违约概率之比的对数。

Logit 模型中的 β_j 也不同于线性概率模型中的 β_j 系数。在线性概率模型中，β_j 表示自变量每变动一个单位，公司的违约概率的边际增量。在 Logit 模型中，虽然 $\ln\left(\frac{P_i}{1-P_i}\right)$ 与 X_{ij} 为线性关系，但是 P_i 与 X_{ij} 并不具有线性关系。因此解释变量变动对概率值的影响随着概率函数的变动而不同，解释变量变动 1 个单位，L 变动 β_j 单位，而不是 P_i。但求得 L 后，可以估计得到任一待判公司的

违约概率 P_i 及其变动量。

(3) 模型估计方法。Logit 转换后,可利用极大似然法进行参数估计。若公司未来确实发生违约,其 P_i 值应接近于1,不违约的公司应接近于0。因此,需要找出一组使 P_i 和实际观察获得的违约概率最一致的加权系数。

首先建立似然函数,模型参数的最大似然估计是选择使这一函数值达到最大的参数估计值。假设有由 M 个公司构成的总体 $Y_1,Y_2,\cdots,Y_i,\cdots,Y_m$,从中随机抽取出 m 个公司作为样本,观测值记作 $y_1,y_2,\cdots,y_i,\cdots,y_m$。设 $P_i(y)=P_i$ 为给定 X_i 的条件下得到结果 $y_i=1$ 的条件概率;$P_i(y)=1-P_i$ 为同一条件下得到结果 $y_i=0$ 的条件概率。构造似然函数如下:

令 $P_i(y)=P_i^{y_i}(1-p_i)^{1-P_i}$,代表一个观测值 $P_i(y)$ 的概率,P_i 通过 Logistic 函数由预测变量(如财务指标)确定。于是 m 个样本的联合密度函数的似然函数可表示为

$$L(\beta)=\prod_{i=1}^{m}p_i(y)=\prod_{i=1}^{m}p_i^{y_i}(1-p_i)^{1-y_i},\ i=1,2,\cdots,m$$

由于直接使似然函数 $L(\beta)$ 最大化非常困难,因此通常使似然函数的自然对数变换式 $\ln L(\beta)$ 最大化:

$$\ln[L(\beta)]=\ln\left[\prod_{i=1}^{n}p_i^{y_i}(1-p_i)^{1-y_i}\right]=\sum_{i=1}^{m}\left[y_i\ln(p_i)+(1-y_i)\ln(1-p_i)\right]$$

$$=\sum_{i=1}^{m}\left[y_i\ln\left(\frac{p_i}{1-p_i}\right)+\ln(1-p_i)\right]$$

$$=\sum_{i=1}^{m}\left[y_i(Z_i)+\ln\left(1-\frac{e^{Z_i}}{1+e^{Z_i}}\right)\right]=\sum_{i=1}^{m}\left[y_i\left(\sum_{j=1}^{n}\beta_{ij}X_{ij}\right)-\ln(1+e^{B^T X})\right]$$

为了估计 $\ln L(\beta)$ 使最大的总体参数 β,先对 β 求偏导数,然后令其等于 0。

得 Logit 模型中的系数 β 如下:

$$\frac{\partial\ln(L(\beta))}{\partial\beta}=\sum_{i=1}^{m}\left[y_i-\frac{e^{\sum_{j=0}^{n}\beta_j X_{ij}}}{1+e^{\sum_{j=0}^{n}\beta_j X_{ij}}}\right]x_i=\sum_{i=1}^{m}\left[y_i-\frac{e^{B^T X_i}}{1+e^{B^T X_i}}\right]x_i$$

如果估计得到未知参数值,任给一家新公司的数据,即可得到该公司未来违约的概率值。对于某一公司来说,如果 Logit 回归值 P_i 接近于 0 或 $P_i\approx 0$,

则被判定为违约风险小,若 Logit 回归值 P_i 接近于 1 或 $P_i \approx 1$,则被判定为违约风险大。另外,通过设定临界值或风险警戒线,可对待判对象进行风险定位和决策,判定企业是否发生违约。

(4) 模型应用示例。在商业银行贷款客户中选出一个违约客户,从客户的财务报表中多项财务比率中筛选出 6 个相关性显著的财务指标,包括流动比率、营运资本、现金流动负债比、每股收益、资产负债率和总资产增长率,分别以 x_1,x_2,x_3,x_4,x_5,x_6 表示。假设利用客户的财务报表数据,估计得到概率模型如下:

$$L = \ln\left(\frac{P_i}{1-P_i}\right) = -1.523 + 0.3841X_1 + 0.8631X_2 + 0.5893X_3 + 0.2586X_4 - 0.6532X_5 + 0.4552X_6$$

假设现有某待判公司财务报表数据,代入各财务指标量可得 $L = -0.5238$,代入

$$L = \ln\left(\frac{P_i}{1-P_i}\right) = -0.5238, 可知 \frac{P_i}{1-P_i} = e^{-0.5238} = 0.5923, 则得 P_i = 0.3720,$$

表示该公司发生财务危机的概率为 0.372。

2. Probit 模型。

(1) 模型的基本描述。现代 Probit 模型基于潜在变量理论产生和发展。潜在变量的引入,实现了 Probit 模型从离散随机变量到连续随机变量的转换,从而保留了线性的假设,是最早产生的广义线性模型。然而,潜在变量的引入同时也增加了分布函数以及估计时似然函数的复杂性,模型的参数估计和检验更加困难,这也限制了 Probit 模型的发展。

Probit 模型中被解释变量 Y 同样是一个二分类变量,对应一个潜在变量 Y_i^*。假设误差项 ε 服从标准正态分布,则可得到 Probit 模型。

基于已有的关于 Y_i^*,X_{ij} 以及 Z_i 的有

$$\begin{aligned} P_i(Y_i = 1 \mid X_i) &= P(Y_i^* > 0) = P(B^{\mathrm{T}}X + \varepsilon > 0) \\ &= P(\varepsilon > -B^{\mathrm{T}}X) = P(\varepsilon < B^{\mathrm{T}}X) \\ &= F(B^{\mathrm{T}}X) \\ &= \Phi(B^{\mathrm{T}}X) \end{aligned}$$

(2) 变量说明。与 Logit 模型类似，在 Probit 模型中，β_j 系数不是解释变量 X_{ij} 变动 1 单位时事件发生概率的变动量。

为了直观理解，以一元模型为例进行简述。若需求解某一解释变量变动导致的发生概率的变化量，可将事件发生概率对某一解释变量微分，即

$$\frac{dP}{dX} = \beta\phi(\beta X)$$

其中，ϕ 表示标准正态密度函数。这也说明在 Probit 模型中，各个解释变量对事件发生概率的影响与各个变量相关。

(3) 模型估计方法及应用。基于正态分布函数直接计算 Probit 模型较为困难，因此可以将模型转换为线性函数再对模型进行参数估计。

对正态累积分布函数求逆得：

$$Y^* = F^{-1}(P_i) = B^T X$$

其中，$F^{-1}(P_i)$ 为标准正态累积分布函数的逆函数。如果说对数比 $\ln\left(\dfrac{P_i}{1-P_i}\right)$ 是 Logit 的关联函数，那么 $F^{-1}(P_i)$ 则为 Probit 模型的关联函数。

本章小结

传统商业信用风险度量模型主要有专家判断法，借助内行人的经验来进行决策的过程，是一种主观性较强的方法，但是由于人员配备有限，专家方法无法在较短的时间内处理大批量、小额度的信贷审批工作。在传统评级业务中，常用的专家方法中，"5C"法是最基本的一种决策框架。"5C"法规定了信贷人员审核借款人时的 5 类关键因素，精选了信贷人员所需考虑的因素集合，在一定程度上避免了对敏感因素的两难选择。

专家判断法的主要步骤：确定企业为何需要这笔授信，对该企业的财务报表进行分析，对该企业的试算表进行分析，对公司所处的行业结构状况进行认真分析，根据调查的情况，撰写授信审批所需的资料，进行会议审批，经审批同意后，要认真准备和签署授信合同文书，授信的发放和回收。判别分析法是信用评分模型的基本分析方法，包括距离判别分析方法、贝叶斯判别分析方法和费希尔判别分析方法三种。

商业信用风险预测类模型主要有"Z 值模型"、A 值模型和马萨利模型。

商业信用度量

"Z值模型"是一种通过变量预测财务风险的模型,它不同于采用的单变量分析法,以多变量的统计方法为基础,通过大量的实验,将多个财务指标综合起来加以分析判断,从而得出结论,是对企业的运行状况、破产与否进行分析和判别的系统。A值模型是以更客观的判断为基础的企业破产预测模型,是对"Z值模型"的修正。马萨利模型是"Z值模型"更普遍的应用,比"Z值模型"还多一个功能,即在预测企业破产可能性的同时,还能衡量企业实力的大小。

商业信用风险管理类模型主要有营运资产分析模型和特征分析模型。营运资产分析模型主要用来评估客户的资金和信用实力,并可以核定客户的具体信用限额。特征分析模型采用特征分析技术对客户所有财务和非财务因素进行归纳分析,特征分析技术是一种对客户方面的特征进行区分和描述的方法,对这些特征不同表现的含义予以说明,进行综合分析,最后得到一个较为全面的分析结果。

其他商业信用风险管理类模型还有期权分析模型、等级预测模型、蒙特卡罗模拟、线性概率模型和非线性概率模型等。

本章要点

- 专家判断法的主要内容与应用
- 专家判断法中的"5C"法
- 专家判断法的主要步骤
- 商业信用风险预测类模型
- 商业信用风险管理类模型

本章关键术语

专家判断法 "5C"法 Z值模型 A值模型 马萨利模型
营运资产分析模型 特征分析模型 期权分析模型 等级预测模型
蒙特卡罗模拟线性概率模型 非线性概率模型

本章思考题

1. 简要分析专家判断法的优势和局限性。

2. 简述专家判断法中的"5C"法。
3. 简述"Z值模型"发展的几个阶段。
4. 简述特征分析模型的分析过程。
5. 分析商业信用风险管理类各种模型的优缺点。

第五章　应收账款风险度量

商业信用风险度量可揭示受信客户的商业信用风险，从而帮助授信企业制定相应的信用政策。当商业信用交易产生后，授信企业仍要对商业信用存续期间的风险，即应收账款风险进行度量，以便在事中及时调整应收账款管理策略，进而降低企业损失的可能性。

第一节　应收账款风险度量目标

风险度量是应收账款管理的核心环节，其最终目标是足额、按时收回账款，最小化持有应收账款的成本，最大化应收账款的净收益，降低和规避信用风险，维系良好的客户关系，实现应收账款的最佳流动性和效益性。应收账款管理的基本目标是在提高竞争能力、扩大销售的同时，尽可能降低投资的机会成本、坏账损失和管理成本，最大限度地提高应收账款投资的收益。应收账款管理的具体目标包括如下方面：

一、支持营运资金

应收账款是流动性仅次于现金和短期有价证券的营运资金项目，如果收款滞后，企业可能要贷款来支付正常运营。为避免企业出现资金短缺现象，必须加强对应收账款的管理，密切关注企业的财务状况，制定合理的收款政策，保证企业营运资金的按时到位。

二、减少应收账款的管理成本和坏账

应收账款的管理费用包括企业维系应收账款管理系统发生的费用和应收账款的收账费用。一般维系企业应收账款管理系统所发生的费用是相对固定的，其变化是阶跃性的，随应收账款规模的数量级变化而变化。对应收账款的管理主要是减少收账费用，这些费用包括电话费、邮寄费、差旅费、收账公司费用和法律诉讼费等，应收账款拖欠的时间越长，应收账款收回的可能性越小，产生的收账费用也越高。

应收账款无法收回就产生了坏账损失，坏账的产生与企业的应收账款管理水平直接相关，坏账比例过高，会影响企业的正常运营，甚者威胁企业的生存和发展。加强应收账款的管理是减少坏账损失的有效途径，以实现坏账损失最小化。

三、维持良好的客户关系

收账是人与人之间的交涉，有人性化的一面，在收账过程中应尽量维持良好的客户关系，保护客户的声誉。客户不付款的原因不一定是其没有还款能力，很可能是失误引起的，加强与客户的沟通，根据客户拖欠的实际情况，妥善解决因客户失误产生的暂时性问题，恢复与客户的正常关系。维护良好的客户关系，不仅保持与好客户的长期继续合作，而且可以提高企业在业界的声誉。

在实际工作中，有时客户不能及时付款可能是由于工作的失误引起的，比如原始发票的丢失等，客户可能还不知道拖欠。当由失误引起的问题解决后，许多客户能够恢复正常付款，客户也很愿意及时付款，以获得更大额度的信用支持。所以，在应收账款收账中，应该尽量保持良好的收款工作，以促进销售。

四、恢复客户还款计划

当客户没有及时结清账款，出现拖欠时，企业要与客户一起分析其拖欠原因，帮助客户制订实际可行的还款计划，在尽量减小企业损失的前提下，帮助客户提高信用,使受益客户与企业保持良好的长期合作关系。客户延迟付款的原因可能是负债过高,对债务持不在乎的态度或者是过度扩张,可以帮助客户确定总债务,分析收入来源,使客户恢复还款计划。

五、协助扩大信用销售规模

信誉良好的客户都愿意及时还款,以便获得企业更高的信用销售额度。在应收账款管理过程中,应尽量保持良好的收款工作,促进信用销售规模的稳步扩张。如果因收款不当而产生使客户不愉快的现象,导致客户转向其他销售商,将是企业最大的损失。

第二节 应收账款风险度量指标

应收账款财务分析是通过对相关比率指标进行分析,从而保证持有应收账款的质量和可回收性。应收账款在流动资产中有着举足轻重的地位,及时收回应收账款,不仅增强了企业的短期偿债能力和运营能力,也反映出企业在管理应收账款方面的效率。一般情况下,应收账款的财务指标主要有应收账款周转率、应收账款回收率、应收账款与日销售额比率三个。

一、主要指标

(一)应收账款周转率

一般意义上,应收账款周转率是一个年度指标,反映应收账款周转速度,也就是年度内应收账款转为货币资金的平均次数。

其计算公式为:

$$应收账款周转率 = \frac{企业信用销售额}{应收账款平均余额} \times 100\%$$

公式中的"主营业务收入净额"来自利润表,是指当期主要经营活动所取得的收入扣除折扣和折让后的销售净额,是一个时期指标数据。"应收账款平均余额"是资产负债表中"年初应收账款净额"与"年应收账款净额"的平均数,是两个时点指标数据的平均数。从核算的口径和内容看,公式的分子反映现金销售净额和信用销售净额,而分母却反映信用销售净额,二者似乎不相配比,为使其保持一致性,对公式作进一步的拓展和界定,即把现金销售净额视为收账时间为零的信用销售,发生现金销售业务时,可以通过以下会计分录进行核算:

借:应收账款
　贷:主营业务收入
　　　应交税费——应交增值税(销项税额)
借:货币资金
　贷:应收账款

同一笔现金销售业务用两个会计分录同步反映,这样有利于会计电算化环境下的实务操作和现金流量表的编制。

为了更进一步削弱和摊薄分母时期数据相对于分子时期数据的不对等,可对分母进行算术平均,利用算术平均数来求取平均应收账款,同时也可根据实务分析需要,对指标反映的时限进行修正,修正后计算公式为

$$报告期应收账款周转率 = \frac{报告期主营业务收入净额}{报告期算术平均应收账款占用净额} \times 100\%$$

用时间表示的周转速度是应收账款周转天数,也称平均应收账款回收期或平均收现期,它表示企业从取得应收账款的权利到收回款项,转换为货币资金所需要的时间,计算公式为

$$应收账款周转天数 = \frac{360}{应收账款周转率}$$

如果是要反映报告期内应收账款的周转天数,可对该指标进行如下修正:

$$报告期应收账款周转天数 = \frac{报告期天数}{报告期应收账款周转率}$$

通过对上述指标的修正和界定,基本上可以消除诸如季节性经营、大量现金销售收入、年末大量销售或年末销售大幅度下降等因素对指标计算的影响。

(二) 应收账款回收率

实务中进行应收账款回收率的分析应先界定一个核算前提,即把现金销售净额视为收账时间为零的信用销售,发生现金销售业务时,按前述同一笔业务用两个会计分录同步反映,即所有销售业务必须通过应收账款进行反映。

其计算公式为

报告期内应收账款回收率

$= \dfrac{\text{期初应收账款结存率} + \text{本期应收账款发生额} - \text{期末应收账款结存数}}{\text{期初应收账款结存数} + \text{本期应收账款发生额}} \times 100\%$

通过货款回收率的指标分析,可以考核企业应收账款的回收水平和收账政策,对于有效降低资金占用成本和坏账损失,提升应收账款的管理效率,可以起到较好的检测作用。

(三) 应收账款与日销售额比

这个指标与应收账款总额和日平均销售额相关,计算公式如下:

$$\text{应收账款与日销售额比} = \dfrac{\text{应收账款总额}}{\dfrac{\text{销售净额}}{360}}$$

该指标说明了年末应收账款的期间长度,在实务中通过该项指标和企业信用条件的比较,可以看出企业对应收账款的管理效率。例如,如果企业信用条件为30天,那么该项指标不应比30天超过很多,否则说明企业在收账上存在问题,应当努力使指标天数接近信用条件。

该指标同样受季节性经营、大量现金销售收入以及年内销售大幅分布不均等因素的影响,但如果将前述所谈的各项修正指标综合加以利用,基本上能消除这些因素的影响,真实、全面地体现应收账款的管理品质。

对应收账款的财务指标进行纵向和横向比较,即进行前后期的比较,以及与同行业平均水平的比较,对其中的差异进行分析,找出原因,判断应收账款的质量和可回收性。

二、辅助指标

(一) 应收账款占主营业务收入比重

这种方法可以衡量企业的销售质量,并且还可以进一步评价企业的盈利质量。如某企业应收账款占主营业务收入为30%,即说明该企业每销售1元的产品,就有0.30元是信用销售得来的;如果该比重达到50%左右,那么说明该公司约有一半的账面利润是靠信用销售而来的。该比重从会计的角度说明企业的产品是处于产品生命周期中的哪一个阶段,也可以说明该企业的盈利质量的状况。

(二) 应收账款增幅与主营业务收入比较

应收账款增幅直接体现了企业信用销售行为的增量情况。由于当前企业市场竞争十分激烈、跨国公司的竞争国内化，行业平均利润率不断下降，故企业为了增大账面利润，不惜采取大幅信用销售的方式，应收账款余额伴随着主营业务收入的增长而增长也就成了预料中的事。但如果应收账款的增长幅度过大，并高于主营业务收入的增长速度，这不仅会使企业的账款回收难度加大，而且会使企业缺乏可持续发展的现金流。具体评价时只要将应收账款的增幅与主营业务收入增幅作比较就可以直观地得出结论。

(三) 应收账款账龄

按照国际上通行的做法，一年以上的应收账款就应视为坏账，应当折算为现值来计量，故一年以上的应收账款理应视为不良资产予以冲销。如果国内企业也按这一标准严格执行，那么将会有一部分应收账款转作当期费用，企业的利润总额也将会进一步缩减。

衡量企业是否亏损的标准不能单纯地考察其账面利润，如果企业维持表面上的账面利润，但却隐藏着大量的账龄超过一年的应收账款，则这家企业依然有可能是亏损企业。

(四) 应收账款的关联交易发生额

对于关联交易披露，我国会计制度除了对上市公司有要求外，一般企业则没有此项义务，而美国注册会计师协会于1983年公布的《审计准则说明书第45号》中就规定了在关联交易情况下的特殊会计处理。因此，相比较而言，我国的制度松懈得多，透明度不高。之所以要注意企业关联方交易主要是因为：一是在关联方交易中可能包含了不公允的价格和条件，向企业授信时获取的并非真实的企业财务状况，而是企业管理部门也可能蓄意安排关联交易以粉饰会计报表。某些关联交易是很明显的。比如，母子公司之间、子公司之间或公司和其主管单位之间的交易等。有些企业在应收账款的核算上采用备抵法提取坏账，并且把应收账款的账龄大部分都控制在一年以内，似乎没有什么可质疑的，但其应收账款中却包含了大量的关联交易。如果发现这些关联交易中所涉及的商品（产品）销售价格与市场的实际价格误差太大，则可以认定这是一种通过关联方交易来操纵利润的行为。例如，从关联交易方低价购入原材料；或者高价销售商品（产品）给关联交易方；或者两种方式兼而有之，那么这家企业则明显虚增了利润。这种现象在操纵净资产收益率的企业中比较普遍，就会在这些企业的关联交易额占销售收入或销售成本的比例上体现出差异，并且应收账款中关联方的应收账款比重较大。

第三节　应收账款风险度量方法

一、合理的应收账款持有水平

企业应收账款的发生，会同时给企业带来正反两个方面的影响。一方面，推行信用销售将有利于扩大企业的销售规模，带来较高的销售收入；另一方面，持有应收账款会发生一系列的持有成本。因此，对应收账款的持有成本分析，就是要确定企业最佳应收账款持有水平，主要是基于企业资金、生产和库存的实际情况，采用最小成本法或最大净收益法，来测算企业当前最佳的应收账款持有水平。

（一）最小成本法

最小成本法主要利用企业进行信用销售产生的应收账款的短缺成本与其他成本之间成反比例变化的关系，找出总成本曲线上的最低点，与这一点相对应的应收账款持有水平就是企业当前最佳应收账款持有水平，企业在该点取得最佳收益。

可以通过求函数极值的数学方法来找到答案，测算出信用额度的最小成本。企业持有应收账款会发生管理成本、机会成本、收账成本、坏账成本和短缺成本，前四种成本与应收账款的持有规模成正比，短缺成本与应收账款的持有规模成反比，将五种成本与对应的应收账款持有规模相对应，总成本曲线存在一个最低点，利用最小成本法就是要找到这个最低点，以此来确定最佳的应收账款持有水平。

（二）最大净收益法

最大净收益法是将信用销售产生的销售收入，减去被占用资金的机会成本、管理成本、坏账成本等得到信用销售的净收益，比较多个信用销售方案，找出净收益最大的方案，从而确定企业的最佳应收账款持有水平。

该方法与最小成本法考虑问题的出发点刚好相反，它通过找出与企业持有应收账款成正比例关系的销售收入，以及与销售收入中减去被占用资金的机会成本、管理成本、坏账损失额等得出的净收益，从数学的角度讲，是求最大值问题。

二、应收账款质量分析

在分析应收账款的质量时，风险和时间是考虑的两个重要因素，其中时间因素对于应收账款的质量至关重要。应收账款是一项流动资产，通常应该可以在12个月内转化为现金，但在实际中，由于缺少有效的信用销售控制机制，很多应收账款不能及时回收，甚至变为坏账。应收账款的风险取决于客户本身的风险，在信用销售业务审批时，一般都对客户的资信进行调查，对其信用状况进行评价，但是一笔应收账款发生后至到期前，客户的信用状况有可能发生变化，此时需要对客户所发生的应收账款的风险程度进行重新评价。企业信用管理部门要随时掌握客户的生产经营状况，以便了解应收账款的质量，调整应收账款的风险级别。在对应收账款质量进行分析时通常有以下方法：

（一）账龄分析法

应收账款账龄分析即应收账款的账龄结构分析。所谓应收账款的账龄结构，是指企业在某一时点，将发生的各笔应收账款按照开票日期进行归类，确定账龄，然后计算出各账龄应收账款占总计余额的比重。通过账龄结构分析，衡量企业对客户应收账款的管理水平，用以分析应收账款回收情况。

制作应收账款账龄分析表，从账龄分析表中获得以下信息：一是每个客户的付款状况和拖欠状况，客户在信用期内支付和逾期支付的情况，企业对客户的收账水平；二是客户在信用期内支付和逾期支付所占的比率，变成呆账、坏账的比率。一般情况下，应收账款账龄越大，收回的可能性越小，而发生坏账的可能性越大。如果企业应收账款拖欠、逾期、坏账过多，表明企业的应收账款质量差，应该引起企业管理层的重视，分析原因，采取必要的管理措施。

此外，可以将应收账款分为未到期的应收账款、进入预警期内的应收账款、到期应收账款、逾期应收账款、最后通牒期的应收账款、付诸专业机构追账的应收账款、诉诸法律的应收账款、坏账等,并编制账龄分析表来对这些应收账款进行反映和管理。

(二) 比率分析法

比率分析法是通过对一系列应收账款的相关比率指标进行分析,从而保证持有应收账款的质量和可回收性。这些指标主要有应收账款销售额比、应收账款资产总额比、应收账款流动资产比等。这些指标一般以年为时间区间来计算,也可以按月份、季度时间阔度来计算。

$$应收账款销售额比 = \frac{应收账款余额}{有效时间区间的信用销售额度}$$

$$应收账款资产总额比 = \frac{应收账款余额}{企业资产总额}$$

$$应收账款流动资产比 = \frac{应收账款余额}{企业流动资产总额}$$

对应收账款的财务指标进行纵向和横向比较,即进行前后期比较,以及与同行业平均水平比较,对其中的差异进行分析,找出原因,判断应收账款的质量和可回收性。

(三) 产生原因分析法

对企业应收账款的产生原因进行分类分析。

1. 融通资金手段。客户是基于将在信用销售期间的欠款看成其获得的一笔无息或低息贷款而进行的信用额度申请。这类客户往往会想尽办法拖延付款,可能形成恶意拖欠。企业对该类客户形成的应收账款要重点管理,及时采取包括法律手段等措施以加大催收力度。

2. 资金临时性短缺。客户因为经营不善、资金暂时周转不灵,出现临时性经营困难而不能及时偿还应收账款。该类应收账款常有资产抵押或担保,其安全性较好,企业可以根据合同规定收款或拍卖抵押物以收回应收账款,也可以重新与客户签订协议适当延长其货款的付款时间。

3. 销售和收款时间差异。客户由于其销售和收款的时间差异而形成的应收账款,一般情况下,客户收到货款后会很快付款,安全性很好。该类客户为长期合作客户,其信用政策可以适当放宽,但是也不能放松对老客户的跟踪调查，一旦发生突发事件可能导致企业的巨大损失，要视具体情况调整。

对应收账款中三类产生原因的比重分析，了解应收账款的风险大小，从而判断应收账款质量的高低。

（四）应收账款的追踪分析

应收账款是存货变现过程的中间环节，对应收账款运行过程实施追踪分析的重点是放在信用销售产品销售和变现方面。客户能否履行信用销售企业的信用条件取决于两个因素：一是客户的信用状况；二是客户现金的持有量和调剂程度。企业要将信用销售额度大或信用品质不高的客户欠款作为重点考察追踪对象。

在此环节，企业的信用管理部门应该做的很重要的一项工作就是及时与本企业的财务部门联系，了解客户的付款情况，将客户付款的优良记录和不良记录记录下来，作为客户付款的第一手记录。企业的信用管理部门应该积极加入由专业信用管理公司组织的供应商网络，将客户的不良付款记录提供给专业信用管理公司，将其列入征信数据库的"黑名单"，达到资源共享的目的，同时企业还可以获得专业信用管理公司的一些优惠和折扣，这不仅有利于本企业的信用管理工作，也为社会公益作出贡献，促进信用环境的共建。

及时收款对企业来说是至关重要的工作，在对应收账款进行收回时，企业尤其要注意的是收账方式的选择和收账步骤的安排。

（五）应收账款收现保证率分析

应收账款收现保证率是为适应企业现金收支匹配关系的需要，所确定出的有效收现的应收账款占全部应收账款的比率，其公式为

应收账款收现保证率

$$= \frac{当期必要现金支付总额 - 当期其他稳定可靠的现金流入总额}{当期应收账款总额} \times 100\%$$

本章小结

风险度量是应收账款管理的核心环节，其最终目标是足额、按时收回账款，最小化持有应收账款的成本，最大化应收账款的净收益，降低和规避信用风险，维系良好的客户关系，实现应收账款的最佳流动性和效益性。应收账款

管理的基本目标是在提高竞争能力、扩大销售的同时,尽可能降低投资的机会成本、坏账损失和管理成本,最大限度地提高应收账款投资的收益。应收账款管理的具体目标包括支持营运资金、减少应收账款的管理成本和坏账、维护良好的客户关系、恢复客户还款计划,以及协助扩大信用销售规模。

应收账款财务分析是通过对相关比率指标进行分析,从而保证持有应收账款的质量和可回收性。应收账款在流动资产中有着举足轻重的地位,及时收回应收账款,不仅增强了企业的短期偿债能力和运营能力,也反映出企业在管理应收账款方面的效率。一般情况下,应收账款主要有应收账款周转率、应收账款回收率和应收账款与日销售额比率三个财务指标。

应收账款风险度量还有一些辅助指标,如应收账款占主营业务收入比重、应收账款增幅与主营业务收入比较、应收账款账龄、应收账款的关联交易发生额等。

企业应收账款的发生,会同时给企业带来正反两个方面的影响。一方面,推行信用销售有利于扩大企业的销售规模,带来较高的销售收入;另一方面,持有应收账款会发生一系列的持有成本。分析应收账款的持有成本,就是要确定企业最佳应收账款持有水平,采用的度量办法有最小成本法和最大净收益法。在分析应收账款的质量时,风险和时间是考量的两个重要因素,其中时间因素对于应收账款的质量至关重要。采用的度量办法有账龄分析法、比率分析法、产生原因分析法、应收账款追踪分析法和应收账款收现保证率分析法等。

本章要点

- 应收账款风险度量目标
- 应收账款风险度量指标
- 应收账款风险度量方法
- 应收账款的财务主要指标
- 应收账款的财务辅助指标

本章关键术语

应收账款周转率　应收账款回收率　应收账款与日销售额比率

应收账款风险度量　应收账款周转率　应收账款周转天数　应收账款账龄　应收账款占主营业务收入比重

本章思考题

1. 简述应收账款风险度量的目标。
2. 如何测算企业最佳的应收账款持有水平?
3. 总结应收账款质量分析的指标及运算方法。
4. 如何有效降低应收账款的风险?

第六章 采购供应风险度量

第一节 采购供应风险度量目标

信用风险是目前大多数企业的重点管控领域，预防企业发生重大信用风险，符合社会信用体系建设中总体规划要求。风险度量是采购供应风险管控的重要步骤，减少和有效防止有失信记录的企业进入采购体系，防范企业遭受巨大的信用风险损失，是企业采购部门、信用管理部门管理工作的重中之重。采购管理的核心是必须建立和完善投标人风险预警、市场资格准入、供应商信用评价制度，达到供货的保质、价优、按期和售后服务等要求。采购供应风险度量目标主要包括以下几个方面：

1. 为企业提供所需的物料和服务。保证企业能够获取连续提供物料、供应和服务，使整个企业正常良性运转，这是采购管理最基本的目标。

2. 制订合理采购计划。采购部门制订合理、及时、准确的采购计划和执行路线，包括定期采购计划（如周、月度、季度、年度）、非定期采购任务计划等，按照以销定购、以销定产和以产定购的多种采购应用模式，结合公开招标、邀请招标、竞争性谈判、单一来源、竞争性磋商和询价等多种采购形式。

3. 力争最低的采购成本。一般企业经营生产中，采购部门支出的资金最大，除了降低用来完成采购目标的管理费、提升采购流程的效率外，最主要的是降低物料和服务的采购成本，当确保质量、供货周期和售后服务等方面的要求都得到满足时，采购部门应全力以赴地以最低的价格获得所需的物资和服务，确保所有的耗费降到最低。

4. 选择诚信供应商。采购部门必须有能力找到或发展诚信、合格的供应商，分析供应商的能力，从中选择合适的供应商并与其一起努力对流程进行持续的改进。如何有效甄别合格供应商，保障物料和服务及时、保值、低价供应，需要对供应商开展信用信息档案建立、投标人风险预警、围标串标风险评估、信用评级和评标信用分制度和动态履约实时监测等方面的管理。

5. 保持库存投资和损失维持在最低限度。保证物料供应不中断的一个办法是保持大量的库存。但是库存必然要占用资金，这些资金就不可能用于其他方面。在保证生产和服务水平的同时，通过对供应商管理协同发展、低库存与低成本追踪和实施库存物料的标准化，达到控制持有库存的成本。

6. 与信用管理、生产、财务、销售等其他职能部门之间建立良好的工作关系。企业生产经营活动是一个完整的循环体系，必须和其他部门开展有效合作，同时和第三方信用评级机构开展紧密协作，保障采购管理工作正规化和规范化。

企业采购管理部门和信用管理部门为提升企业自身内控和风险管控意识，开展采购供应风险度量，应用的场景主要在完善投标人风险预警、市场资格准入和供应商信用评价等方面。

1. 存量供应商风险排查。基于新型的供应商数据库管理，通过内外部数据整合，帮助企业信用管理部门、采购部门建立供应商信用信息档案库，并对有历史交易记录的存量供应商的企业状态、企业名称、主要事项变更和关键风险点等进行梳理，为供应商的分级分类监管提供决策支撑，提高决策效率。

2. 投标人风险预警审查。利用第三方评级机构数据库，辅助设立投标人风险预警条件，并对新申请进入的投标人进行准入重大失信行为预审，为企业高质量发展提供第一道安全防线。对进入供应商管理体系的投标人进行全面的评估，包括基础背景信息、提供产品信息、行业地位、经营状况、服务水平和供应能力等进行综合全面风险预警评估，方便企业信用管理部门和采购部门对供应商后期分级分类管理。

3. 围标串标风险评估。信用管理部门与第三方信用评级机构合作，开展投标人风险预警筛查，投标人（供应商、服务商、物流商）信用信息档案查询，通过对企业的历史投资任职、历史招投标等信息，构建两个企业、多个企业之间的关联关系网络,挖掘投标人可能的关联路径,对每一次招标开展围标串标风险分析评估。

4. 供应商信用评级。针对重大项目、重点项目等供应商,依托风险预警评估,增加线下的现场尽调,综合对企业进行信用评级和风险诊断,开展供应商主体信用评价,通过采集企业信用信息,根据数据模型进行指标分析,主要对企业公共信用信息、市场信用信息、金融信用信息和历史履约信用信息进行系统分析,最终得出评价结论,确定企业信用级别,出具《信用评级报告》。

5. 评标信用分制度。将综合企业信用状况、失信状况和履约状况的信用评级报告和结果以信用分的形式引入评标环节,采用"商务+信用"或者"商务+技术+信用"评标办法,企业信用评分分值占投标得分的比重控制在10%~20%,保障质优、价廉、守信的供应商进入企业采购供应体系,使原有的招采评标环节更加公正、科学。

6. 动态实时监测。实现风险定期扫描,利用公共信用信息、市场信用信息的信用记录数据,进行定期的风险扫描,对风险点进行提示。实时在线监控,从企业供应商风险管理的实际需求出发,构建全生命周期管理、风险实时在线监控推送系统。分析潜在风险,动态监测现有供应商风险状况,对重大风险进行预警,对关联风险进行提示,提升风险反应速度和应对能力。

第二节 采购供应风险度量指标选取

一、指标选取的原则

在采购供应风险度量中,指标选取在对比、分析、融合国际国内评价机构的指标遴选的基础上,同时结合商业信用中心在实际项目中的经验。指标选取时将遵循以下原则:

(一)目标导向原则

各指标体系的设计和度量指标的选择必须以全面真实地反映企业信用状态为目标,使评估结果能客观真实地反映企业的信用状况。

(二)科学性原则

科学性原则主要体现在理论和实践相结合,以及所采用的科学方法等方面。指标在理论上要站得住脚，同时又能反映评价对象的客观实际情况。设计度量指标时，首先要有科学的理论作指导，使度量指标能够在基本概念和逻辑结构上严谨、合理，抓住评价对象的实质，并具有针对性。因为，对客观实际抽象描述得越清楚、越简练、越符合实际，科学性就越强。

（三）时效性原则

企业信用状况需要通过一定时间尺度的指标才能反映出来。因此，指标的选择要充分考虑动态的变化因素，部分指标应该收集若干年度的变化数值。

（四）系统优化原则

企业必须用若干指标进行衡量，各指标之间既相互独立，又互相联系、互相制约，所有指标共同构成一个有机统一体。有的指标之间有横向联系，反映不同侧面的相互制约关系；有的指标之间有纵向关系，反映不同层次之间的包含关系。同时，同层次指标之间尽可能地分明界限，避免相互有内在联系的若干组、若干层次的指标体系，体现出很强的系统性。优化原则主要体现在以下几方面：

1. 指标代表性强。各度量指标应该具有典型代表性，不能过多过细，使指标过于烦琐，相互重叠，指标又不能过少过简，避免指标信息遗漏，出现错误、不真实现象，并且数据易获取且计算方法简明易懂。

2. 层次简单合理。指标数量的多少及其体系的结构形式以系统优化为原则，即以较少的指标（数量较少、层次较少）较全面系统地反映企业的内容，既要避免指标体系过于庞杂，又要避免单因素选择，追求的是度量指标体系的总体最优或满意。

3. 兼顾指标的全面性。度量指标体系要统筹兼顾各方面的关系，由于同层次指标之间存在制约关系，在设计指标体系时，应该兼顾到各方面的指标。

（五）通用可比原则

通用可比性指的是不同时期以及不同对象间有一定的可比性，即纵向可比和横向可比。

1. 纵向可比，即同一对象某一时期与另一个时期作比。度量指标体系要有通用可比性，条件是指标体系和各项指标、各种参数的内涵和外延保持稳定，用以计算各指标相对值的各个参照值（标准值）不变。

2. 横向可比，即不同对象之间的比较，主要指同一分数或行列等级在不同对象之间具有相同的意义或风险程度。对于各种具体情况，采取调整权重的办法，综合评价企业的状况再加以比较。对于相同性质的部门或个体，往往很容易取得可比较的指标。

（六）实用性原则

实用性原则包括实用性、可行性和可操作性。可操作性是指信用评估指标体系兼具行动上的可行性和价值取向上的实用性。前者表现为度量指标的可观察性和可计量性，后者表现为度量指标体系对供应商选择时的指导性。通过对企业信用状况的结构分析、动态的横向和纵向比较，可以准确而及时地发现企业的信用风险。

1. 指标要简化，方法要简便。度量指标体系要繁简适中，计算方法简便易行，即度量指标体系不可设计得太烦琐，在能基本保证评价结果的客观性、全面性的条件下，指标体系尽可能简化，减少或去掉一些对评价结果影响甚微的指标。

2. 数据要易于获取。度量指标所需的数据易于采集，无论是定性度量指标还是定量度量指标，其信息来源渠道必须可靠，并且容易取得。否则，评价工作难以进行或代价太大。

3. 操作要规范。选择指标时也要考虑能否进行定量处理，以便于进行数学计算和分析。各项度量指标及其相应的计算方法所使用的数据都要标准化、规范化。

4. 严格控制数据的准确性。能够实行评价过程中的质量控制，即对数据的准确性和可靠性加以控制。

二、指标评分方法

对采购供应风险度量末级指标进行归一化处理，使每一个指标的分值在 0~100，评分采用定量与定性、经验与统计相结合的综合评价法，所采用的打分方法包括以下五种。

1. 直接赋值法。评价指标取值范围较窄，在取值范围内对每个数值均确定一个对应分数，按照指标数值确定其得分。

2. 倒扣分法。指定初始值，按照发生事件设定相应分数以及发生事件的次数减分。一般用于逆向指标的评分。

3. 加分法。指定初始值,按照发生事件设定相应分数以及发生事件的次数加分。一般用于正向指标的打分。

4. 功效系数法。确定评价指标上限和下限阈值,根据指标值到上下限阈值距离与上下限阈值距离之间的占比确定指标分数。一般用于连续型定量指标的打分。

5. 分段打分。根据评价指标获取数据,将数据集合对应的信用风险划分为若干区间进行打分,通过每个区间对应分数来识别信用风险。一般用于离散型定量指标的打分。

评分过程应充分考虑指标的数据分布特征,本着使供应商每一项指标的最终得分服从正态分布的原则,按照正态分布规律将指标数据分布在相应区间。评估过程中针对不同性质的指标采用不同的打分方法。

(一)定性指标的打分标准及方法

定性指标是指不能直接量化而需通过其他途径实现量化的评估指标,如企业性质、经营状态、纳税信用等级、组织结构的健全性和制度健全性等。其缺点是易带进评估者的主观因素,且指标的区分度和可信度较差,难免影响评估的客观性。

定性分析是对研究对象进行"质"的分析,评估人员根据其自身的知识、经验和综合分析判断能力,在对评价对象进行深入调查、了解的基础上,对照评价参考标准,对各项评价指标的内容进行分析判断,形成定性评价结论,最终通过百分制体现出来。

经验分析是定性分析的一种,即凭借分析人员的经验和智慧,根据对象选择应考虑的因素,对选择对象进行定性分析的方法。对企业基本信息状况、客户满意度状况、质量感知等反映供应商内外部经营环境的信用信息应采用以经验分析为主的定性分析方法,通过百分制体现出来。

对于定性指标,常采用的评分方法有直接赋值法、倒扣分法和加分法。

(二)定量指标的打分标准及方法

定量分析是对研究对象进行"量"的分析,一般以供应商的经营数据为主,如企业的营业收入、资产规模类的绝对数指标和速动比率、资产负债率等相对数指标。定量模型分为两种类型。一种是设定标准值，根据指标实际值偏离标准值的程度确定最终的指标得分，数据值用绝对值，数据段用标准差。另一种是针对与信用得分成线性相关的指标，根据百分比系数计算指标得分，如果是正相关指标，直接计算得分；如果是负相关指标，采用扣分制，用满分扣除指标发生得到的分数。

三、指标体系构建

在采购供应风险度量中，构建指标中综合考虑经营要素、公共要素中的企业基本素质、社会信用评价的重要性，以基本素质、资质认证、经营管理和社会信用为例建立指标和评分规则。

（一）基本素质

1. 身份识别信息。

（1）经营年限。依据供应商经营年限长短，采用分段打分法确定评分标准。

（2）经营状态。依据供应商存续［在册、在营（开业）、正常、登记成立、成立、仍注、个体转企业］、迁出（迁往市外、迁移异地、已迁出企业、待迁入）两种经营状态，采用直接赋值法确定评分标准。

（3）注册资本。依据供应商注册资本金分布状态，采用分段打分法确定评分标准。

（4）实缴金额占比。实缴金额占比是实际缴纳资本金占注册资本的比重，采用功效系数法确定评分标准。

（5）股权出质。将股权出质信息作为违约风险的潜在因素，采用倒扣分法确定评分标准。

2. 历史沿革。

（1）注册资本变更。将供应商注册资本增加或减少次数作为判断企业运营状况变换好坏的依据，采用加分法、倒扣分法确定评分标准。

（2）单位名称变更。将供应商单位名称变更次数作为评估供应商经营不稳定的因素，采用倒扣分法确定评分标准。

（3）住所变更。将供应商住所变更次数作为评估供应商经营不稳定的因素，采用倒扣分法确定评分标准。

（4）法定代表人变更。将供应商法定代表人变更次数作为评估供应商经营不稳定的因素，采用倒扣分法确定评分标准。

（5）其他重大变更。将供应商其他重大变更次数作为评估供应商经营不稳定的因素，采用倒扣分法确定评分标准。

3. 运营团队。是否有法定代表人或负责人被列为失信被执行人。认定法定代表人或负责人被列为失信被执行人是典型的失信行为，采用直接赋值法确定评分标准。

（二）资质认证

1. 行政许可信息。

（1）环保部门许可。将环保部门许可数量作为衡量供应商信用状况的主要增信因素，采用加分法确定评分标准。

（2）税务部门许可。将税务部门许可数量作为衡量供应商信用状况的主要增信因素，采用加分法确定评分标准。

（3）商务部门许可。将商务部门许可数量作为衡量供应商信用状况的主要增信因素，采用加分法确定评分标准。

（4）质量部门许可。将质量部门许可数量作为衡量供应商信用状况的主要增信因素，采用加分法确定评分标准。

2. 认证信息。

（1）质量管理。将质量管理体系认证证书的数量作为衡量供应商信用状况的主要增信因素，采用加分法确定评分标准。

（2）环境管理。将有无环境管理体系认证证书作为衡量供应商信用状况的主要增信因素，采用直接赋值法确定评分标准。

（3）职业健康。将有无职业健康管理体系认证证书作为衡量供应商信用状况的主要增信因素，采用直接赋值法确定评分标准。

（4）高新技术。将有无高新技术企业认证证书作为衡量供应商创新能力的重要因素，采用直接赋值法确定评分标准。

（三）经营管理

1. 经营商品信息。

（1）商标信息。将商标数量作为衡量供应商市场信用、社会认知程度的增信因素，采用加分法确定评分标准。

（2）专利数量。将专利数量作为衡量供应商技术能力的增信因素，采用加分法确定评分标准。

（3）专利类型。将专利类型数量作为衡量供应商不同层面技术竞争力的增信因素，采用加分法确定评分标准。

（4）软件著作权。将软件著作权数量作为衡量供应商软件开发和管理能力的增信因素，采用加分法确定评分标准。

2. 债务融资信息。

（1）是否为上市公司。将企业是否为上市公司作为区别供应商综合实力的一项重要因素，采用直接赋值法确定评分标准。

（2）是否发行过债券。将企业是否发行过债券作为判断供应商融资渠道的广泛程度参考因素，采用直接赋值法确定评分标准。

（3）是否发生过债券违约行为。将企业是否发生过债券违约行为作为断定供应商发生严重失信行为的重要因素，采用直接赋值法确定评分标准。

（四）社会信用

1. 行政监管信息。

（1）经营异常。将企业出现经营异常的次数作为判断供应商工商违规程度的减信因素，采用倒扣分法确定评分标准。

（2）行政处罚。将企业受到行政处罚的次数作为判断供应商典型失信行为的减信因素，采用倒扣分法确定评分标准。

（3）重大税务违法案件。将企业出现重大税务违法案件的次数作为断定供应商严重失信行为的减信因素，采用倒扣分法确定评分标准。

（4）纳税信用等级。根据信用等级标准采用直接赋值法确定评分标准。

（5）海关行政处罚信息。将企业受海关行政处罚次数作为判断供应商海关监管失信程度的减信因素，采用倒扣分法确定评分标准。

（6）行业监管处罚。将企业受到行业监管处罚的次数作为判断供应商行业监管失信程度的减信因素，采用倒扣分法确定评分标准。

示例1：根据样本数据分布，设定打分标准：初始分100分，每有1次行业监管处罚扣60分，扣完为止。

2. 法院判决及执行信息。

（1）企业是否被法院列为被执行人。将企业是否被法院列为被执行人作为断定供应商存在严重失信行为的重要因素，采用直接赋值法确定评分标准。

（2）法院判决信息。将法院判决信息认定为影响供应商司法合规信用的减信因素，采用分段打分法确定评分标准。

3. 社会责任信息。

（1）有无重大环保隐患。将企业有无重大环保隐患作为断定供应商可能发生严重失信行为造成恶劣影响的减信因素，采用直接赋值法确定评分标准。

（2）有无重大安全事故。将企业有无重大安全事故作为断定供应商发生信用危机的减信因素，采用直接赋值法确定评分标准。

（3）有无重大事件或恶劣负面舆情信息。将企业有无重大事件或恶劣负面舆情信息作为断定供应商发生社会信用危机的减信因素，采用直接赋值法确定评分标准。

第三节 采购供应风险度量模型构建

按照选定的风险度量指标，根据采购管理部门和信用管理部门的要求，选取企业采购供应环节一定量的样本数据，样本数据覆盖多个品类或领域，避免单一性等因素影响模型构建的准确性；样本数据覆盖优质、良好、一般等各类供应商，减少模型构建误差；样本数据还包括一些公认的优质企业和较差企业，作为边际检验的测试数据。按照采用保留样本法，一部分样本用于建立模型，另一部分样本用于模型检验，构建采购供应风险度量的模型设计。

一、模型构建

运用层次分析法建立三级层次结构模型，结合企业管理偏好设置度量指标体系中的权重，并通过样本数据分析完成指标评分标准的参数设置。构建模型中综合考虑经营要素、公共要素中的企业基本素质和社会信用评价的重要性，以基本素质、资质认证、经营管理和社会信用为例计算指标权重。

1. 总计算公式如下：

$$Y = \sum_{i=1}^{n} W_i X_i$$

其中，Y 为综合得分，X 为评价要素，W 为权重。

2. 基本素质。

（1）计算模型。企业基本素质包括身份识别信息、历史沿革和运营团队三项内容，综合考虑身份识别信息中企业经营年限、实缴金额占比评价要素的重要性，适当放大身份识别信息权重。计算公式如下：

$$Y = \sum_{i=1}^{n} W_i X_i$$

其中，Y 为基本素质得分，X 为评价要素，W 为权重。

（2）身份识别信息。身份识别信息包括经营年限、经营状态、注册资本、实缴金额占比、股权出质五项内容，综合考虑企业经营年限、注册资本、实缴金额占比评价要素的重要性，适当放大相应权重。计算公式如下：

$$Y = \sum_{i=1}^{n} W_i X_i$$

其中，Y 为身份识别信息得分，X 为评价要素，W 为权重。

（3）历史沿革。历史沿革包括注册资本变更、单位名称变更、住所变更、法定代表人变更和其他重大变更五项内容，权重等比例划分。计算公式如下：

$$Y = \sum_{i=1}^{n} W_i X_i$$

其中，Y 为历史沿革得分，X 为评价要素，W 为权重。

（4）运营团队。运营团队包括是否有法定代表人或负责人被列为失信被执行人一项内容。计算公式如下：

$$Y = \sum_{i=1}^{n} W_i X_i$$

其中，Y 为得分，X 为评价要素，W 为权重。

3. 资质认证。

（1）计算模型。企业资质认证包括行政许可信息和认证信息两项内容，考虑两者在政策上具有相同重要程度，权重等比例划分。计算公式如下：

$$Y = \sum_{i=1}^{n} W_i X_i$$

其中，Y 为得分，X 为评价要素，W 为权重。

（2）行政许可信息。行政许可信息包括环保部门许可、税务部门许可、商务部门和质量部门许可四项内容，综合考虑四者在政策上具有相同重要程度，权重等比例划分。计算公式如下：

$$Y = \sum_{i=1}^{n} W_i X_i$$

其中，Y 为得分，X 为评价要素，W 为权重。

（3）认证信息。认证信息包括质量管理、环境管理、职业健康和高新技术四项内容，综合考虑质量认证管理的重要性适当放大相应权重。计算公式如下：

$$Y = \sum_{i=1}^{n} W_i X_i$$

其中，Y 为得分，X 为评价要素，W 为权重。

4. 经营管理。

（1）计算模型。经营管理包括经营商品信息和债务融资信息两项内容，综合考虑债务融资信息中是否上市公司及发行债券等评价要素的重要性，适当放大相应权重。计算公式如下：

$$Y = \sum_{i=1}^{n} W_i X_i$$

其中，Y 为得分，X 为评价要素，W 为权重。

（2）经营商品信息。经营商品信息包括商标信息、专利数量、专利类型、软件著作权和网站备案五项内容，综合考虑五者在管理上具有相同重要程度，权重等比例划分。计算公式如下：

$$Y = \sum_{i=1}^{n} W_i X_i$$

其中，Y 为得分，X 为评价要素，W 为权重。

（3）债务融资信息。债务融资信息包括是否为上市公司、是否发行过债券和是否发生过债券违约行为三项内容，综合考虑是否为上市公司评价要素的重要性，适当放大相应权重。计算公式如下：

$$Y = \sum_{i=1}^{n} W_i X_i$$

其中，Y 为得分，X 为评价要素，W 为权重。

5. 社会信用。

（1）计算模型。社会信用包括行政监管信息、法院判决及执行信息和社会责任信息三项内容，综合考虑三者在政策上具有相同重要程度，权重等比例划分。计算公式如下：

$$Y = \sum_{i=1}^{n} W_i X_i$$

其中，Y 为得分，X 为评价要素，W 为权重。

（2）行政监管信息。行政监管信息包括经营异常、行政处罚、重大税务违法案件、纳税信用等级、海关行政处罚信息和行业监管处罚六项内容，综合考虑各评价要素重要性及数据分布状况，适当放大纳税信用等级、海关行政处罚信息评价要素相应权重。计算公式如下：

$$Y = \sum_{i=1}^{n} W_i X_i$$

其中，Y 为得分，X 为评价要素，W 为权重。

（3）判决及执行信息。法院判决及执行信息包括企业是否被法院列为被执行人、法院判决信息两项内容，综合考虑两者在管理上具有相同重要程度，权重等比例划分。计算公式如下：

$$Y = \sum_{i=1}^{n} W_i X_i$$

其中，Y 为得分，X 为评价要素，W 为权重。

（4）社会责任信息。社会责任信息包括有无重大环保隐患、有无重大安全事故和有无重大事件或恶劣负面舆情信息三项内容，综合考虑三者在管理上具有相同重要程度，权重等比例划分。计算公式如下：

$$Y = \sum_{i=1}^{n} W_i X_i$$

其中，Y 为得分，X 为评价要素，W 为权重。

二、模型优化

在开展模型效果评估后,对于未通过及不完善的方面,结合样本数据特点对特定指标的评分标准及权重进行微调,持续优化模型,重复模型效果评估过程,直至评估结果最终通过验证,评估结果真实反映企业采购供应整体资信状况。

本章小结

信用风险是目前大多数企业的重点管控领域,预防企业发生重大信用风险,符合社会信用体系建设中总体规划要求,风险度量是采购供应风险管控的重要步骤,减少和有效防止有失信记录的企业进入采购体系,防范企业遭受巨大的信用风险损失,是企业采购部门、信用管理部门管理工作的重中之重。

企业采购管理部门和信用管理部门为提升企业自身内控和风险管控意识,开展采购供应风险度量,应用的场景主要有存量供应商风险排查、投标人风险预警审查、围标串标风险评估、供应商信用评级、评标信用分制度和动态实时监测。

在采购供应风险度量中,指标选取在对比、分析、融合国际国内评价机构的指标遴选的基础上,同时结合商业信用中心在实际项目中的经验。指标选取时将遵循以下原则:目标导向原则、科学性原则、时效性原则、系统优化原则、通用可比原则和实用性原则。在采购供应风险度量中,构建指标中综合考虑经营要素、公共要素中的企业基本素质、社会信用评价的重要性,本节以基本素质、资质认证、经营管理和社会信用为例建立指标和评分规则。

采购供应风险度量模型要按照选定的风险度量指标,根据采购管理部门和信用管理部门的要求,选取企业采购供应环节一定量的样本数据,样本数据覆盖多个品类或领域,避免单一性等因素影响模型构建的准确性;样本数据覆盖优质、良好、一般等各类供应商,减少模型构建误差;样本数据还包括一些公认的优质企业和较差企业,作为边际检验的测试数据。构建模型中综合考虑经营要素、公共要素中的企业基本素质、社会信用评价的重要性,本节以基本素质、资质认证、经营管理和社会信用为例计算指标权重。

本章要点

- 采购供应风险度量的目标
- 采购供应风险度量的应用场景
- 采购供应风险度量的指标选取
- 采购供应风险度量的模型构建

本章关键术语

存量供应商风险排查　投标人风险预警审查　围标串标风险评估　供应商信用评级　评标信用分制度　动态实时监测　基本素质　资质认证　经营管理　社会信用

本章思考题

1. 简述采购供应风险度量的目标。
2. 简要分析采购供应风险度量的应用场景。
3. 简述采购供应风险度量的指标选取原则。
4. 简述经营要素中基本素质的指标建立和评分规则。
5. 简述公共要素中社会信用指标的模型构建。

第七章 供应链金融风险度量

第一节 保理业务概述

一、保理的概念

保理是保付代理的简称,是卖方与保理商间的一种契约关系,主要是为信用销售而设计的一种综合性金融服务。保理业务是从出口代理交易方式演变而来的,起源于 14 世纪英国毛纺织工业。当时英国毛纺织品是在寄售基础上委托专业代理商代销的。这些代理商向国外买主出售商品,同时向出口商担保买主的商业信用。到 18 世纪,美国的一些代理商逐步以其高效率和雄厚资金掌握了为扩大其国内市场所需要的代贷管理工作。他们的地位也逐步由以前被委托的代理人身份演变为独立的经济实体——保理商。保理商根据保理合同专门为有关商业企业提供信贷和信用管理服务。保理是保理商从卖方那里买进买方为债务人的应收账款,并提供贸易融资、企业资信调查与评估、销售分户账管理、应收账款催收,以及信用风险控制与坏账担保的综合性售后服务。

一般的保理机构提供的保理业务包括:

1. 向卖方(或出口方)提供信用购买企业的资信调查和资信评估;

2. 接受信用销售合同作为抵押物,或者用立即付款的方式购买债权人的应收账款,为卖方(或出口方)融通资金,包括贷款和预付款;

3. 管理销售分类账并履行关于应收账款的其他财务处理责任;

4. 代理客户的债权,帮助客户追收账款;

5. 承担买方（债务人）无力支付而造成的损失。

早期的保理机构通过购买他人的债权而获利，有时保理服务是一种债权转让交易。信用保险的投保业务为一项交易的合同购买保险后，企业仍然拥有合同或项目的所有权。但是，在企业取得保理服务时，有时债权就卖给或抵押给保理商。经过长期发展，现代的保理服务也很像信用保险服务，而且保理商提供更高的承保比例，可以对信用销售合同额度进行全额担保，费率甚至低于信用保险的费率。

二、保理的种类

根据形式和效果不同，可对保理服务进行多种分类，在不同类别之间还可以作适当的组合。企业使用保理服务时，可以根据自身的不同需求进行选择。常见的保理服务见表7-1。

表7-1 常见的保理服务

种类	融通资金	收款风险担保	通知债务人	销售财务管理	收取应收账款
综合保理	提供	提供	提供	提供	提供
有追索权保理	提供	不提供	提供	提供	提供
批量保理	提供	不提供	提供	不提供	不提供
定期保理	不提供	提供	提供	提供	提供
代理保理	提供	很少提供	很少提供	很少提供	不提供
发票贴现	提供	很少提供	不提供	不提供	不提供
隐蔽保理	提供	很少提供	不提供	不提供	不提供

根据服务的贸易领域不同，保理业务可以分为国内保理和国际保理两大类。国内保理服务于国内贸易，国际保理服务于国际贸易，其中国际保理一般为双方保理，由出口国保理商和进口国保理商共同完成。由于国际保理是保理业务的主要构成部分，而国内保理的各种形式从理论上讲都可以用于国际保理，因此，以下主要从国际保理的角度对保理业务进行分类：

（一）无追索权保理和有追索权保理

根据保理商对保理业务项下融通的资金是否有追索权，保理业务可以分为无追索权保理和有追索权保理。

在无追索权的保理业务中，保理商一旦根据出口商提供的进口商的名单进行资信调查，并逐一核定信用限额后，就要在信用限额内购买出口商对进口商的应收账款，并放弃向出口商追索货款的权利。如果进口商由于某些原因无力或拒绝支付货款，保理商不能再向出口商追回款项，只能自己承担进口商无力支付货款的信用风险。这种方式解决了以信用方式销售商品或提供服务的出口商的后顾之忧，但是保理商承担了较高的风险。

在有追索权的保理业务中，销售商仅能享受到融资的服务，失去了企业要求规避风险的真实目的。保理商不负责核定进口商的信用限额，也不提供担保，仅提供包括融资服务在内的其他服务。当保理商向出口商提供资金融通后，不论进口商由于何种原因不能支付货款，保理商都有权利向出口商索回已付的款项或拒付应付的款项。这种保理方式适用于进口商信用较好、出口商仅需要融资和货款回收管理的情况。也正是由于这些局限性，有追索权的保理在国际保理中应用较少。

但是，如果出现下列情况之一，即使销售商使用了无追索权保理服务，保理商仍然有权追索融资款和不承担担保义务，这些情况包括销售商有明显欺诈行为、不可抗力的意外发生和赊购方对货物的质量提供异议。

（二）公开保理和隐蔽保理

根据出口商与保理商签订协议后，是否将应收账款转让情形告知债务人，将保理业务分为公开保理和隐蔽保理。

公开保理业务是债权转让一经发生，保理商就通知债务人，请其到期直接向保理商付款的保理方式。在使用公开保理时，赊购方明确知道卖方使用保理服务。隐蔽保理的情况则正相反，赊购方不知道卖方使用了保理。国际保理大多采用公开保理方式，出口商选择隐蔽保理服务方式，主要出于希望保持买卖双方良好合作关系的目的。

（三）融资保理和非融资保理

根据保理商是否向出口商提供融资款项，保理业务可以分为融资保理和非融资保理。

融资保理，又称预付保理。保理商在收到出口商提交的证明债权转让的发票副本和有关文件后，即对出口商提供不超过发票金额80%的垫付款。货款到期后，保理商扣除掉垫付款项、有关的费用和贴息之后，再将余额支付给出口商。

非融资保理，又称到期保理。当出口商向保理商提交了证明债权转让的发票副本和有关文件后，保理商不立即付款，而是在付款到期日向出口商支付发票金额。付款到期日通常是保理商根据出口商给予进口商的付款期限计算出的平均到期日，即平均预计收款日。

如果销售的流动资金有限，急需销售后的回笼资金投入再生产，销售商可以选择融资保理服务；如果销售商的流动资金相当充裕，根本无须保理商预付货款，或者销售商可以拿到比保理商融资利息更低的融资时，销售商可以选择非融资保理服务。非融资保理服务提供的主要服务是担保，更类似于保险服务。由于资金的稀缺性，目前在国际贸易中非融资保理正逐步被融资保理所取代。

（四）单保理和双保理

根据保理业务中保理商的数量的不同，国际保理可以分为单保理和双保理。在国际保理业务中，位于进口商所在地的保理商为进口保理商，位于出口商所在地的保理商为出口保理商。仅涉及一方保理商的保理业务称为单保理业务，涉及双方保理商的保理业务则称为双保理业务。

双保理商保理模式被广泛运用于国际贸易保理业务，其优点是：第一，出口商只需要面对本地的保理商，从而避免可能存在的法律环境、企业习惯和语言等问题；第二，进口保理商完成对购买商的风险评估和追收欠款等工作，出口保理商负责与出口商的联系工作，从而摆脱了在进口企业资信评估和追收债务时遇到的一些问题；第三，对进口商来讲，只需要通过当地付款的方式把货款交给进口保理商，在特殊情况下，进口商也会通过进口保理商协调解决一些贸易纠纷。

单保理商保理模式一般只在国内保理业务中使用。在每一笔续作保理的业务中，只有一家保理商参与其中，承担从评估、融资、寄单到追收货款和偿付货款的全部工作。由于国内保理业务没有像国家贸易地域差异造成的障碍，减少了工作量和资金周转环节，交换单据简便快捷，最终能以较低的保理费用成交。

三、保理公司的业务转型

按照中国保理委员会对"十三五"时期末我国商业保理规模超万亿的预测数据,保理资产证券化业务的发展空间巨大。商业保理是企业将其持有的应收账款向保理(解释为保付代理)公司转让,并由保理公司提供保理融资支持方面的服务,而保理资产证券化从本质上而言是将其基础资产——应收账款进行资产证券化。

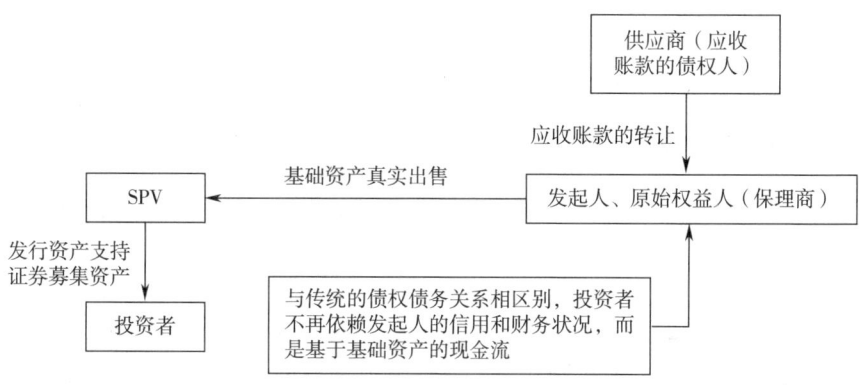

图 7-1 商业保理资产证券化所涉各方关系

商业保理的资产证券化,涉及应收账款的两次转让(一般的资产证券化针对能够产生现金流的资产只需进行一次转让),第一次为保理商从应收账款的债权人(买卖双方基础合同中的供应商)手中受让债权;第二次则为保理商以应收账款为基础资产,将其"真实出售"于特殊目的机构(Special Purpose Vehicle,SPV),由其进行资产支持证券(Asset-Backed Security,ABS)计划,发行证券募集资金。

第二节 保理业务风险度量指标

保理业务的信用风险包括信用违约风险(Default Risk)和信用息差风险(Spread Risk)。信用违约风险是指商业交易中由于债务人不愿或无力支付约定款项致使银行应得的预期现金流量的现值减少而遭受损失的可能性,即使在违约的情况下,通常会有一部分债务得以清偿,这一比例称为回收率(Recovery Rate)。信用息差风险是指,在交易中由于债务人信用质量的变化引起银行应得的预期现金流量的现值面临不确定的变化从而带来的损失的可能性。信用风险是保理业务最关键的风险,保理业务的信用风险主要来自两个方面:一方面来自卖方企业(融资方)自身的资信情况不好,表现为故意拖欠账款、生产的产品质量存在问题、自身信用监管体系不完善、盲目扩大信用销售等,这将可能给保理商带来巨大的损失。另一方面来自买方企业(债务方,即我国目前保理业务主要审查的对象)自身财力账款不佳、管理者存在道德问题或者不良赖账现象等,这将导致赊销账款到期买方不履行还款义务,而给保理商带来直接损失。买方企业的信用风险是保理业务中最关键的风险,即融资企业抵押给保理商的应收账款,所以如何度量供应商的应收账款风险,是本节介绍的重点。

一、保理业务风险度量指标

保理应收账款中的不良资产是相对应收账款债权资产而言,是指在营销过程中出现呆滞以致无法收回或不能全部收回账面价值的部分。应收账款在会计理论上属流动性较强、变现速度较快的流动资产。它形成的客观条件是企业在销售商品时采取商业信用赊销方式。由于赊销活动中实际收回现金流入量滞后于应计现金流入量,所以赊销的商品账面价值能否真正收回尚不可知。在赊销链中,如果购货单位在信用期限内由于管理不善、效益下滑而无力付款或不守信用故意拖欠等,销售企业收款期限将被延迟,由于在应收账款中的这部分资金流动也将受阻而变为不良资产,同时企业资金成本将提高。若这种不良资产累积到一定程度,销售企业资金周转也将发生困难,甚至造成危机。在日常管理中,可以通过建立以下指标测定不良资产风险值。

(一)销售百分比预测指标

其假设是赊销的销售收入与应收账款中坏账存在一定相关性,故它是根据近几期呆账或坏账的移动加总值除以净销售额加总额计算出百分比率,即不良资产率乘以预计年度的净销售额来预测不良资产风险值,指标计算如下:

$$\tilde{E}_{i+1} = \sum_{i=1}^{n} X_i / \sum_{i=1}^{n} Y_i \times Y_i$$

其中：X_i 为呆账或坏账额；Y_i 为净销售额；n 为时期（1，2，3，…，n）；$\sum_{i=1}^{n} X_i / \sum_{i=1}^{n} Y_i$ 为不良资产率；$\tilde{E}$ 为不良资产风险预测值（下同）。

（二）应收账款百分比指标

其假设是坏账与应收账款有直接的连带关系，故它是以近期的呆账或坏账的移动加总值除以各期末应收账款加总额计算出百分比，即不良资产率乘以预计年度应收账款额来预测不良资产风险值，模型如下：

$$\tilde{E}_{i+1} = \sum_{i=1}^{n} X_i / \sum_{i=1}^{n} Z_i \times Z_i$$

其中：X_i 为呆账或坏账额；Z_i 为应收账款额；n 为时期（1，2，3，…，n）；$\sum_{i=1}^{n} X_i / \sum_{i=1}^{n} Z_i$ 为不良资产率；$\tilde{E}_{i+1}$ 为不良资产风险预测值（下同）。

（三）债务人资信指标

其假设是应收账款中不良资产风险与债务人资信度高低密切相关，资信度高的风险小，反之风险大，故它以资信度为标准，将应收账款户划为优、良、中和差四个风险类别，其不良资产率分别为2%、10%、20%和50%，然后与不同风险类别应收账款相乘测算出不良资产风险值。模型如下：

$$\tilde{E}_i = \sum_{i=1}^{n} Z_i \times P_i$$

其中：Z_i 为应收账款额；P_i 为风险类别的不良资产率；n 为风险等级。

二、保理业务风险度量值计算

假设应收账款账面价值为 M，期限为 n 年，年利率为 i，不同信用级别的风险报酬率为 I，利用折现模型得出未来应收账款的内在价值，具体折现公式如下：

$$P = A \times (P/A, R, n) + F \times (P/F, R, n)$$

$$(P/A, I, n) = \frac{1}{1+I} + \frac{1}{(1+I)^2} + \cdots + \frac{1}{(1+I)^n}$$

$$(F/A, I, n) = \frac{1}{(1+I)^n}$$

$$A = M \times (1+i)$$

由此得出保理业务的风险度量值，即

$$M - P$$

【案例 7-1】 A 公司提供的赊销账款账面价值 M 为 2166423.00 元，保理商可以通过模糊综合评价分析法全面分析赊销账款债务人的信用风险，得到该公司客户的信用等级，假设在 AA 级与 A 级之间，符合保理商的风险控制范围，因此同意对 A 公司提供融资请求，接下来分析针对该赊销账款及债务人的信用风险情况，确定对 A 公司的融资额度。

首先根据供应商客户的信用风险等级，确定保理商对 A 公司在该信用等级所要求的报酬率 I：

由于客户的信用等级在 AA 级与 A 级之间，利用插值法 $I = \dfrac{x - x_i}{x_{i+1} - x_i}$ 且 $x_i < x < x_{i+1}$，计算得出信用等级分数为 87.55 所对应的报酬率：

$$I_1 = 5.39\%,\ I_2 = 5.92\%,\ I_3 = 7.03\%$$

I_n 表示第 n 年回款保理商要求的报酬率，$n = (1,2,3,\cdots)$。

i 为 20×× 年银行存款利率，查阅资料，该银行 20×× 年存款利率分配表如表 1 所示。

表 1   20×× 年存款利率   单位：%

项目	活期存款	定期存款	三个月	六个月	一年	二年	三年	五年
年利率	0.5		2.85	3.05	3.25	4.15	4.75	5.25

资料来源：20×× 年银行存款利率。

因为赊销账款的最高还款期限为 3 年，为了使风险最小化，本节还款期限为 3 年，因此 i 取值 4.75%，则 $A = 2166423 \times 4.75\% = 102905.09$（元）

根据公式（6.1）、（6.2）、（6.3）代入数据得，赊销账款得现值 p：

$$p = \frac{102905.09}{1 + 5.39\%} + \frac{102905.09}{(1 + 5.92\%)^2} + \frac{2166423 + 102905.09}{(1 + 7.03)^3} = 2040256.2（元）$$

即赊销账款的现值为 2040256.2 元，也就是 A 公司提供给保理商的赊销账款的在用价值。差值 = 2166423 - 2040256.2 = 126166.8（元）为保理商对赊销账款的风险度量值。

综上所述，可将保理业务的融资额度用量化的方式表示，得出保理商对赊销账款的融资额度上限，即赊销账款的现值 P – 保理业务费用，也就是保理商对 A 公司的赊销账款最大融资额度不超过赊销账款的现值扣减保理业务费用的差值。

第三节 补偿贸易概述

一、补偿贸易的发展

补偿贸易是在传统易货贸易基础上发展起来的一种用于返销产品或劳务的价款分期支付进口货款及其利息的贸易方式，目前国际上对补偿贸易的叫法不尽相同，解释也并不一致。东欧称之为工业合作贸易，美国称之为外销贸易，日本称之为产品分成，本书补偿贸易的叫法主要源于西欧和中国。补偿贸易是商品贸易、技术贸易和银行信贷相结合的一种现代易货贸易方式。在经济日益全球化的过程中，许多发展中国家利用这一商业信用形式的独特机制，有效地绕开了外汇资金短缺的障碍，达到了引进国外先进技术设备、让实体经济迅速发展的目的。

开展补偿贸易必须具备两个条件：一是出口方必须向进口方提供贸易信贷。这种信贷一般表现为设备赊销这一商业信用形式，但有时也可以适用于进口方自行购置所需设备的一笔国家出口信贷或商业银行信贷。二是出口方必须同时承诺回购进口方的产品或劳务，以便进口方用取得的收入分期偿付设备价款。需要指出的是，在信贷基础上进行的设备进口还可以采用其他贸易方式，比如在延期付款方式下，进口所需的大部分贷款是在双方约定期限内分期支付的，贷款的偿还与产品的销售没有直接的联系，因而并不构成补偿贸易。可见，开展补偿贸易的两个条件必须同时具备，缺一不可。

【延伸阅读】

补偿贸易最早是作为典型的国际商业信用形式出现的，早在 20 世纪 30 年代初期，德国曾与许多国家政府签订补偿协定，规定向德国出口的国家要承担购买等值德国货的义务，以解决当时德国国际收支危机给其对外贸易带来的困难。第二次世界大战期间，英国政府在对外贸易方面也实行过"补偿制"，要求英国的出口商必须用出口所得的外汇，购回国内所需的物资，以保证战略物资的进口。

现代的补偿贸易始于20世纪60年代末期的苏联和西欧的贸易。开始时苏联进口西方技术、设备，并用该设备生产的产品，分期贩售给提供设备的厂商，所得价款分期抵扣进口设备的价款和利息。随着补偿贸易的发展，又出现了以其他产品代替补偿的灵活做法。20世纪70年代初，补偿贸易已成为苏联、东欧各国对西方工业发达国家贸易的一种重要方式，占其贸易额的25%～35%，许多发展中国家也纷纷采用这一方式开展与发达国家的贸易。

二、补偿贸易类型

我国于20世纪70年代末首先在沿海地区开始以补偿的方式发展对外贸易，并逐渐推及内陆地区。补偿贸易的项目多以轻工、纺织、服装、粮油、五矿、土畜、医药保健、机械、化工和电子产品为主。进入90年代，在农业产业化经营和东西部投资合作中，补偿贸易合作方式逐渐也在国内厂商之间流行起来，成为具有广阔发展前景的国内贸易合作方式。

由于技术设备进口方向出口方进行偿付的方式多种多样，相应地，补偿贸易的具体类型也是多种多样的，主要有：以产品回购或者返销方式进行直接补偿、以产品互购的方式间接补偿、以产品回购+产品互购方式混合补偿、以支付工资费用方式进行劳务补偿、以产品预购方式超前补偿、以利润或收入分成方式补偿、部分补偿与全额补偿、双边补偿与多边补偿、信贷补偿与租赁补偿，以及以产品偿还+货币偿还方式综合补偿。

以上几种补偿贸易方式中，最基本的是直接补偿（回购）和间接补偿（互购），其他方式大都是这两种基本方式派生出来的。这些补偿贸易方式各有利弊，在实际谈判中选用哪一种形式应根据不同的对象、对方的需要与可能进行取舍。如果引进技术设备所生产的产品国内市场不适销，或已达到饱和状态，或是要拓展国外市场，应以直接产品偿付为上策，甚至应争取使回购额超过进口技术设备价款，从而获得长期稳定的销售渠道和外汇收入。如果是用其他产品来偿付，也可以顺势实施以进带出策略，扩大有关商品的出口。

三、补偿贸易特点

补偿贸易双方一般不发生货币流通,而是以商品作为直接支付手段。买卖双方虽然使用合同货币作为计价手段,进口方在获得贷款时也用现汇支付进口货款,但就贸易的全过程来说,技术设备引进方并没有合同货币,而是用自己的产品或者未来生产加工好的产品去抵偿进口货款及利息。在这一点上,它与一般的易货贸易相似。然而,补偿贸易并非传统的易货交易,而是在易货交易的基础上形成了许多新的内容和特点。

第一,从产生的起点看,补偿贸易源于信用交易。一方先进口,后偿还,除了按具体约定支付大约 15% 的定金外,一般用先付现汇即可得到实物形态的技术设备;另一方先出口,后进口,以对方生产或提供的产品抵偿债务,交换的标的也是实物形态的产品。同时,补偿贸易也是一种风险交易方式,对交易的时间间隔、债权债务关系的确立、信任与合作、偿还、支付方式等,都必须有事先的安排。这些都鲜明地显示出商业信用的特征。

第二,从运作的基本条件看,补偿贸易通常必须依托银行信用。就进口方而言,其经济活动的内容是引进外国技术设备,兴办企业,进行生产。这种生产所需的投资并非来源于本国的资本积累,而是利用对方提供的商业信用;就出口方而言,在向进口方垫付资本的同时,为寻求资金来源,往往要向银行告贷从而形成了卖方信贷。对于大型的补偿贸易活动来说,离不开单独的信贷安排;而一些交易量较小的补偿贸易,虽然不一定需要申请信贷支持,但也要对延期偿付的贷款支付一定的利息。可以说,正是银行信用的融入,才使补偿贸易这一现代商业信用形式得以推广。

第三,从交易结果看,补偿贸易具有不完全买断的交易特征。一方面,出口方售出技术设备,进口方用产品偿付技术设备价款,都是经过作价、以商品形式出售的,其所有权随着商品交付而转移,属于买断性质的商品交易。另一方面,由于补偿贸易是一种商业信用方式,出口方虽然对已经交付出去的技术设备不拥有所有权,却取得了相关债权,在进口方不能按约定以合格的产品偿付价款的情况下,仍然有权通过其他方式追索债务。同时,基于自身利益的考虑,出口方对于进口方能否如期完成引进项目的工程建设,有效利用引进的技术设备制造出合格产品,从而按期支付债款本息,也必然是关注的,往往还要向进口方提供技术指导、出售零部件和培训人员等多项服务。可见,在补偿贸易方式下,尽管商品已经卖断,但出口方为了取得价款补偿,实际上仍然与进口方保持着"藕断丝连"的关系。

第四,从商品流向看,补偿贸易是互为出口方和进口方的双向交易。技术设备出口方必须承担回购补偿产品的义务,每一方的进口必定配对另一方的出口,进出口双方互为买方,又都是卖方。

第五,从交易金额看,交易双方未必以等值的商品完成交换。提供技术设备的一方在贸易协定中所承担的回购义务,一般不以这些技术设备的价值为限,在进口方用产品抵偿了技术设备贷款后,出口方仍有义务在一定时期内继续回购产品,从而使进口方的产品外销有保证。正因为如此,有些国家或地区往往采取豁免关税等一些优惠政策鼓励开展补偿贸易。

第六,从交易时间看,交易并非一次性完成,而是由进口方用产品或劳务分期分批偿还。出口方从交付设备或传授技术直到收回全部价款,少则 3~5 年,多则 10 年以上。

第七,从交易内容看,贸易双方超出了流通领域与生产过程密切相连的关系。在补偿贸易方式下,交换的产品往往是大宗的,一方购买的产品一般是对方生产、制造出来的。整个交易过程涉及厂商发展战略选择、银行业的信贷政策制定乃至一国产业结构的调整和经济布局问题。这样,补偿贸易已不是简单的易货交易形式,也不单纯是追求进出口平衡的手段,其更重要的意义在于体现了技术设备进口国利用外资发展经济的政策取向,也表明了技术设备出口国输出资本、利用他国资源获取利益的战略意图。

第八,从合作关系看,补偿贸易是一种较为灵活的信用买卖关系,可以使进出口双方相得益彰。技术设备出口国不是在进口国投资建厂,也不是投资入股、共负盈亏,而是通过提供技术设备和回购对方产品得到收益,为过剩的设备、技术和资本寻求出路,并且获得比较稳定的原料和能源。进口方则在拥有完全的自主权和坚实的还贷基础的前提下,获得了宝贵的技术设备,有助于解决先进技术设备进口需要与外汇资金短缺的矛盾,并有效规避外债风险;有助于吸收先进的管理经验和方法,提高本国产品的质量与出口竞争力;有助于实施进口替代战略，利用外资建立健全生产体系，加快民族经济发展；有助于利用对方的服务网络与销售渠道，为本国产品开拓国际市场增加出口创汇。可见，补偿贸易作为一种新兴的国际经济技术合作形式，带来的是合作者之间的双赢。

当然，补偿贸易也有它的局限性和不足。一是运作时间长，涉及面广，资金周转慢。二是风险较大。在合同期内，国际货币汇率波动、技术设备供应商因国际市场行情变化拒收或低价抛售抵偿品等，都可能给当事人造成损失。三是技术设备进口价格偏高。对回购品的推销，往往要由提供技术设备的一方委托代理商进行，所需佣金一般都被计入技术设备总报价。四是以补偿贸易方式进口的技术设备有时候并不是最先进的。一些厂商为了在国际市场保持竞争优势，不愿意转让最新的技术设备，甚至采取不正当手法推销已被淘汰的东西。尽管如此，总的来说，开展补偿贸易还是利大于弊的。只要注意趋利避害，规范运作，在实践上完全可以化害为利，充分发挥这一信用方式对经济发展的促进作用。

四、补偿贸易业务流程

银行信用的介入，意味着传统的易货贸易与现代经济的发展要求融为一体，也使补偿贸易的业务环节更为丰富和复杂。

首先，由技术设备供应方与引进方之间签订补偿贸易合同，包括补偿贸易总合同、设备、技术引进合同和产品返销合同。为了使进口方银行对外提供担保，进口方必须事先给进口方银行提供反担保，其次，应进口方要求，由进口方银行向出口方提供将来分期偿付技术设备价款的担保，并按约定比例缴纳定金。最后，出口方可以向出口方银行申请贷款（卖方信贷），并出具抵押或担保出口方在获得银行贷款后，即可选购本公司或其他企业的技术设备提供给进口方。进口方利用引进的技术设备投产后，按合同规定将产品分批返销出口方。这时，一方面，技术设备出口方通过银行向进口方银行支付回购产品的价款；另一方面，技术设备进口方银行按合同规定分期向出口方支付技术设备价款，如支付技术设备价款后仍有剩余货款，即作为外汇净收入由进口方银行存入进口方账户。以上业务流程如图7-2所示。

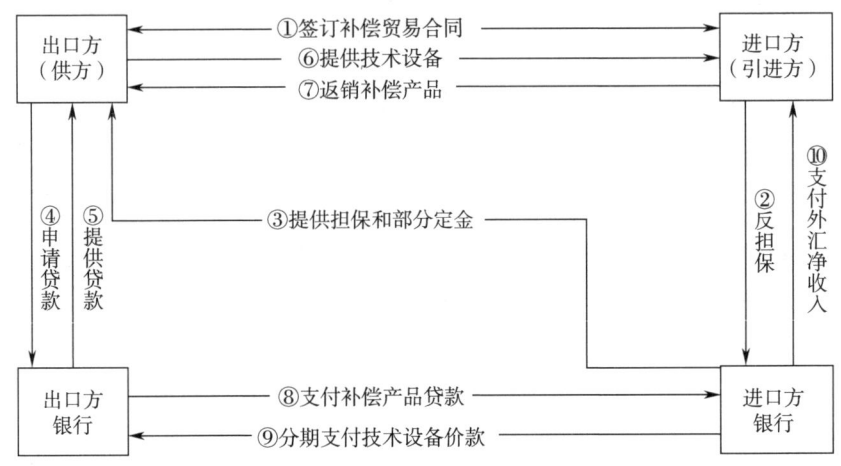

图7-2 补偿贸易业务流程

五、补偿贸易基本程序

补偿贸易涉及生产、信贷、销售、技术和法律多个方面，一笔业务的谈判过程较长，手续较繁杂。根据我国的贸易实践与管理规定，其业务的基本程序由项目的确定、可行性研究、谈判与签约和合同的履行四个阶段构成。

（一）第一阶段：项目的确定

这一阶段的基本任务是与外商初步洽谈，草签意向书，完成对引进技术设备和补偿产品的选择、确定，办理申请报批手续做好建设项目的规划，落实规划的各项先决条件，初步估算投资效果等。

在选定了项目后，引进单位要根据发展规划编写与报批项目建议书，项目建议书的内容主要有：（1）项目名称；（2）项目主办单位及负责人；（3）外商简况；（4）项目申请理由；（5）外商提供的主要设备或原料；（6）资金来源；（7）初步经济分析；（8）国内配套情况；（9）项目的进度安排等。

（二）第二阶段：可行性研究

项目建议书得到有关部门批准后，进一步的工作是与外商签订协议书，并编制与报批可行性研究报告。协议书是在各方对补偿贸易项目的要点和原则达成一致的基础上订立的文件，是制定合同的先决条件，但没有法律效力。

协议书的内容应包括双方公司名称和主谈人姓名；引进设备的名称、型号、规格；项目总投资；产品名称、年产规模及出口比例；金额、计价货币、偿还期限、偿还办法以及银行担保等有关信贷的条件；对产品返销或其他产品补偿的承诺拟再次洽谈的时间等。

在经济上、技术上、财务上以及在生产设施、管理机构、合作条件等方面对补偿贸易项目达成一致意见后，应向国家审批机关上报可行性研究报告。研究报告应说明立项的名称、内容及目的；外商资信情况；项目总投资及进口的主要技术、设备、原材料情况；市场调查预测及产品生产安排；技术设备和工艺的选择（列明细表）；能源、物料供应；国内配套建设及环保安排；生产组织及人员培训；资金筹措与担保；经济分析及还款计划；项目结论等。

可行性研究报告的上报与审批程序与项目建议书相同。根据现行规定，用汇在100万美元以下的补偿贸易项目可免报可行性研究报告，以项目建议书代替。

（三）第三阶段：谈判与签约

谈判一般包括技术谈判与商务谈判，是补偿贸易的关键阶段。谈判的重点内容是技术设备的性能、价格和交货条件，补偿产品的规格、数量、交货期及补偿方法、交付条件以及解决争议的办法等。同时，对双方有关权利和义务也应具体洽商。上述各方面达成一致意见后，即可正式签订有关合约。

由于补偿贸易事涉进口与出口，经济法律关系远比一般交易复杂。特别是大中型补偿贸易，一般要签订补偿贸易总合同、技术设备订购合同、返销或回购产品合同等多项法律性文件，还可能有一些其他的附属合同或合同附件。小型补偿贸易项目金额不大，涉及面小，也可只签订总合同，不再另签其他单项合同。

1. 补偿贸易总合同。总合同规定了补偿贸易项目的总原则和一般条件，内容全面，是连接其他单项合同的纽带。总合同应明确合同编号、签约时间与地点、交易双方名称和所在地、交易内容及各个单项合同的概要；确定补偿贸易项目的具体细则，如结算银行、使用的货币、支付方式担保、利息、配额履约保证、违约责任、解决争议的方式和程序；说明合同的修改、补充终止、生效日期和文字等。

2. 技术设备进口合同。合同必须规定出口方提供的技术、设备和材料的名称、规格（型号）、数量、价格、包装、交货时间和地点、验收标准和办法、补偿总价款和补偿办法等，一般应附有生产设备的供货范围，技术、材料的供货范围及交付时间，生产设备的检验标准，乙方技术人员在甲方工厂的服务范围和待遇条件，甲方技术人员在乙方工厂考察设备、接受培训的内容范围及待遇条件等相关合同附件。

3. 补偿产品出口合同。合同必须规定补偿产品的名称、规格、数量、作价、质量标准和检验方法、交货时间、支付方式等内容。通常，技术设备进口合同与补偿产品出口合同可合并为补偿贸易赊销合同。总合同、进口合同、出口合同及其附件是相互不可分割的统一整体，同时生效，具有同等的法律效力。

（四）第四阶段：合同的履行

履行合同是一项具体、细致的工作，主要环节是备货、装运和交货，对进口货物进行检查和验收，对异议索赔作出处理，结算贷款等。需要办理的手续主要有：银行开户、外汇登记开户，海关登记，进出口业务（包括运输、报关、商检等），减免税、退税和保险等。

第四节 补偿贸易风险度量指标

一、偿还期和偿还率

偿还期和偿还率是评估企业对外资的还本付息能力的重要指标。如果以外汇资金折算，要以返销产品的利润值作为偿还的基础，一般以年作为计算期限，其中，偿还期是指全部还清引进的技术设备借款和有关债务（利息和服务费等）所需要的时间，即企业用年外汇净收入偿还外资总成本所需要的时间。偿还期越短表明企业外汇盈余越多，偿还能力越强；反之，偿还能力就越弱。若偿还期限大于外资贷款期限，说明在使用外资期限内企业不能偿还全部外资；若偿还期限超过企业引进项目的服务年限，表明补偿贸易项目丧失了偿还能力，对引进方几乎没有经济利益。其计算公式为

$$偿还期(年数) = \frac{外资总成本}{年外汇收入 - 年外汇生产成本}$$

式中,外资总成本是整个补偿贸易期间需要偿还的外汇总额,包括进口技术设备的全部货款和货款延付期间的利息或贷款与贷款利息以及其他各种费用。外资总成本主要取决于技术设备价款和利息,其中,利息的多少不仅与利率有关,也与还款的安排有关。一般来说,偿还期越长,所要付出的利息就越多。利息如按年支付,可按单利计算;若是到期末一次结清,则按复利计算。

年外汇收入是指补偿产品出口年外汇销售收入,等于补偿产品出口量乘以出口价格。返销产品的出口数量可按合同规定数确定,价格应按交货时国际市场上的行情来确定。若事先必须匡算的话,只能根据国际市场行情趋势,预测一个平均价格,作为核算的标准。

年外汇生产成本是指每年生产出口产品所需的成本,包括固定资产折旧费、原材料和燃料费、动力费、水费、工资、管理费和税金等。在计算时,一般把外资以外的一切投入开支均列为生产成本,这笔花费多为本国货币,需折合为外汇并考虑外汇汇率的变动因素进行计算。

年外汇收入与年外汇生产成本相抵后的余额就是企业年外汇净收入(年外汇盈余)。年外汇净收入是计算偿还期的基础。如果企业外汇生产成本低于外汇收入,就有外汇盈余,可以抵偿国外债务。企业每年收入如果大致相等,用年平均收入所求得的偿还期限与实际情况就非常接近;如果每年收入波动很大,则最好列出偿还表,逐年计算出理论上的偿还期。

偿还率是企业每年偿债额占应偿外资总成本的份额。其计算公式为

$$偿还率 = \frac{年外汇收入 - 年外汇生产成本}{外资总成本} \times 100\%$$

偿还率刚好是偿还期的倒数。这表明,偿还能力与偿还期成反比,与偿还率成正比,即年偿还率越高,偿还能力就越强,偿还期限也就越短。

在国际上还有另一种含义的外资偿还率。其计算公式为

$$偿还率 = \frac{外资总成本}{使用外资所得全部外汇净收入} \times 100\%$$

式中,全部外汇净收入 = 年外汇净收入 × 外资使用期

在这里,偿还率表示外资总成本占该项目全部外汇净收入的比重。显然,

在这种场合下，偿还能力与偿还率成反比，即偿还率越低，表明全部外汇净收入额越多，偿还能力也就越强。

二、换汇率

(一) 国际汇率风险度量

企业的国际贸易可以视为一种海外投资行为，款项回收并结汇是投资周期的中止，国际贸易活动的利润则是投资的回收率。当然，这种投资行为也要受企业资源的约束。因此，对于具有多种国际贸易对象的企业而言，在资源约束的情况下，其国际贸易一样需要预先进行决策，对其风险进行评估，以谋求一定风险下的利润最大或一定利润下的风险最小。

外汇交易是企业生产周期的一部分，它不同于以获取高收益为目的的外汇投资，它的目的是完成企业的生产周期以维持企业的正常运转而不是获取高收益。对于生产经营性企业而言，绝大部分都对汇率风险是厌恶的，它们追求的是一定收益下的风险最小。因此，它们在外汇交易中，追求利益的同时，控制灾难性风险发生的可能性以保证资金的相对安全对它们更有现实价值。

令 $x = (x_1, x_2, \cdots, x_n)$ 为企业 n 种外汇资产权重或外汇资产组合系数；$v = (v_1, v_2, \cdots, v_n)$ 为此 n 种外汇资产在无汇率风险情况下的未来价值；$y_j = (y_{j1}, y_{j2}, \cdots, y_{jn})$ 为汇率风险出现第 j 种情况时此 n 种外汇资产未来价值，$j = 1, 2, \cdots, m$，此时因汇率风险对企业外汇资产带来的损失函数 $f(x, y_j)$ 为 $(v - y_j) x^T$；其对此 n 种外汇资产的未来价值的最低要求为 M，此外，生产企业不同于投资公司，其外汇资产的组合系数主要由市场来决定而不是完全由投资收益来决定，因此，其外汇资产中某一外汇的比重在最低要求 $\underline{x}$ 和最高要求 $\overline{x}$ 之间。

由此可以得出，企业国际贸易汇率风险度量时的资源约束条件为

$$X = \{x : e'x = 1, \underline{x} \leq x \leq \overline{x}\} \tag{1}$$

其中，e 表示给定的向量；

$\underline{x} = (\underline{x}_1, \underline{x}_2, \cdots, \underline{x}_n)$ 表示国际贸易对象的最低值向量，$\underline{x} \geq 0$；

$\overline{x} = (\overline{x}_1, \overline{x}_2, \cdots, \overline{x}_n)$ 表示国家贸易对象的最高值向量，$\overline{x} \leq e$。

利润约束为

$$\frac{1}{m} e_m y x^T \geq M \tag{2}$$

引入辅助变量：$Z_j = f(x, y_j) - \alpha$, $Z = (Z_1, Z_2, \cdots, Z_m)$，

由此，可以建立确定条件下企业国际贸易汇率风险度量模型为

$$\min: \overline{F}_\beta(x, \alpha) = \alpha + [(1-\beta)m]^{-1} e_m Z^T$$

$$\text{s.t.} \begin{cases} ex = 1, \underline{x} \leq x \leq \overline{x} \\ Z \geq (v - y_j) x^T - \alpha, Z \geq 0 \\ \dfrac{1}{m} e_m y x^T \geq M \end{cases} \tag{3}$$

式（3）中 $(v - y_j) x^T$ 是线性的，故这是一个 LP 问题，可以用 LP 技术求解。

（二）国际汇率风险度量指标

通过补偿贸易利用外资，还有一个国内资金投入的效益问题，即投入每一单位人民币资金能获得的外汇数量。这就要计算换汇率，其计算公式为

换汇率 = 外汇总收入 ÷ 国内人民币资金投入额 × 100%

【计算 7-1】如果某项补偿贸易的换汇率为 400%，即表明这一项目每投入 1 元人民币能创造 4 美元的外汇收入。

总的要求是补偿贸易换汇率不能低于全国同类出口产品平均换汇率，就经济效益而言换汇率越高越好。

三、收益率

为了求得补偿贸易项目利用外资的经济效益，还要进一步测算企业在使用外资期间的收益率，即企业在使用外资期间其外汇净收入扣除偿还外资的部分后，归自己所得的部分占外汇净收入的比例。通常用下式计算：

$$\text{外资收益率} = \frac{\text{年外汇净收入} \times \text{外资使用期} - \text{外资总成本}}{\text{年外汇净收入} \times \text{外资使用期}} \times 100\%$$

式中，外资使用期是指自利用外资开始投产至偿还完毕的期限，均以年为计算单位。

从上述公式不难看出，外资收益率与第二种含义的外资偿还率的关系是：

外资收益率 = 1 - 外资偿还率

【计算 7-2】假定某补偿贸易引进项目外资总成本为 3000 万美元，投产

后年外汇净收入平均为 800 万美元，合同期为 5 年，按公式计算，可知其外资偿还率为 75%，外资收益率为 25%。

四、总收益

补偿贸易的总收益包括企业在国内外市场销售产品的收益，但必须从中扣除企业用于内外销产品的有关生产经营费用，包括偿还贷款的部分。其计算公式为

$$企业总收益 = 国外销售产品收益 + 国内市场销售产品收益 - 内外销产品的生产经营费用$$

五、利润率

在这里，利润率表示通过补偿贸易所获得的利润量占总投资的百分比，其计算公式为

$$利润率 = \frac{总收入 - 总成本}{总成本} \times 100\%$$

在计算时，应将补偿贸易的全部出口收入和进口支出按外汇牌价折成人民币，统一计算。

本章小结

保理是保付代理的简称，是卖方与保理商间的一种契约关系，主要是为信用销售而设计的一种综合性金融服务。保理按照不同分类标准可分为无追索权保理和有追索权保理、公开保理和隐蔽保理、融资保理和非融资保理、单方保理和双方保理等。保理业务的信用风险包括信用违约风险和信用息差风险。信用风险是保理业务最关键的风险，保理业务的信用风险主要来自两个方面：一方面来自卖方企业自身的资信情况不好，另一方面来自买方企业自身财力不佳、管理者存在道德问题或者不良赖账现象等。其中，买方信用风险是保理业务中最关键的风险。保理业务风险度量指标有销售百分比预测指标、应收账款百分比指标和债务人资信指标。

补偿贸易是在传统的易货贸易基础上发展起来的一种用于返销产品或劳务

的价款分期支付进口货款及其利息的贸易方式。开展补偿贸易必须具备两个条件：一是出口方必须向进口方提供贸易信贷。二是出口方必须同时承诺回购进口方的产品或劳务，以便进口方用取得的收入分期偿付设备价款。补偿贸易双方一般不发生货币流通，而是以商品作为直接支付手段。补偿贸易风险度量的指标有偿还期与偿还率、换汇率、收益与利润率、总收益与利润率。

本章要点

- 保理业务的分类
- 保理业务风险度量指标
- 补偿贸易的类型与特点
- 补偿贸易的业务流程
- 补偿贸易风险度量指标

本章关键术语

保理业务风险度量　信用违约风险　销售百分比预测指标
应收账款百分比指标　债务人资信指标　补偿贸易　汇率风险
偿还期　偿还率　换汇率　收益率　总收益利润率

本章思考题

1. 简述补偿贸易的基本流程。
2. 试述补偿贸易风险度量的指标及运算方法。
3. 简述保理业务信用风险来源。
4. 试述保理业务风险度量的指标及运算方法。

第八章 商业信用风险度量展望

第一节 商业信用风险度量与神经网络

人工神经网络(Artificial Neural Networks,ANN,以下简称神经网络)模拟生物神经系统结构,是由大量处理单元组成的非线性自适应动态系统。它具有学习能力、记忆能力、计算能力和智能处理功能,在不同程度和层次上模仿大脑的信息处理机理。神经网络理论研究发展相当迅速,目前已经提出30多种较为成功的神经网络模型,其中最流行的有十几种。BP神经网络是当前应用最为广泛的一种人工神经网络,其应用范围主要在识别分类、评价、预测、非线性映射和复杂系统仿真等。

一、BP神经网络原理

BP神经网络是典型的多层网络,分为输入层、隐含层和输出层,层与层之间常采用全互联方式,同一层单元之间不存在相互连接。给定训练样本集:

$$(X_p, Y_{dp}), X_p \in R_n, Y_{dp} \in R_m, P = 1, 2, \cdots, P$$

输入—输出对以隐含形式定义了某种映射函数 $F: R_n \to R_m$,F 的具体形式可能是未知的。我们期望利用神经网络所具有的任意逼近能力来表示这一未知的函数关系,即确定一个合适的模型结构并寻找一组适当的权值 $\{W^*, \theta^*\}$,构成网络 $y - NN(X, W^*, \theta^*)$,使得如下的误差指标函数最小:

$$E = \frac{1}{2} \sum_{p=1}^{p} \sum_{i=1}^{nL} (y_i^p(t) - y_{di}^p(t))^2$$

其中，$y_{di}(t)$ 为网络的期望输出；$y_i(t)$ 为网络的实际输出；N_1 为输出层的节点数；P 为训练样本的数量。

训练后获得连接权值，对训练样本集之外的某一测试集进行测试，使其结果仍然满足正确的映射，即要求所构造的网络具有良好的泛化能力。只有这样，网络在应用时才会具有良好的推广性。当神经网络的泛化能力严重不足时，将丧失实际应用价值。

二、BP 神经网络模型

合理确定网络层数和各网络层的神经元数是成功应用 BP 神经网络模型的关键之一，具体如下：

（一）输入与输出层设计

输入层设计主要是输入层神经元数的确定，即评价体系中指标个数的确定：我们可以通过主观经验和数理统计方法（例如主因子分析方法）相结合来确定相应的指标。另外，训练样本量的选择也十分重要，太少可能得不到正确的结果，太多又会增加数据收集、分析的成本和网络训练的时间，并且噪声干扰也大。

输出层相对简单，神经元数只有一个，即企业的综合信用指数。

（二）隐含层数和隐含层节点数确定

对于任何在闭区间内的一个连续函数都可以以一个隐含层的 BP 神经网络来逼近，因而一个三层的 BP 神经网络可以完成任意的 n 维到 m 维的映射。采用两层以上的隐含层几乎是没有任何益处的，而且随着隐含层数的增加，训练时间会急剧增加。

隐含层节点数的选择较为复杂，并无确定的法则。隐含层节点数太多，网络会记住所有的训练数据，包括噪声的影响，反而降低了泛化能力；节点数太少，会降低神经网络的容错性，网络难以处理较复杂的问题，即训练不出理想的结果。因而隐含层节点数的确定只能根据一些经验法则，通过实验来确定。一般来说，可考虑的经验法则有：

1. 隐含层节点数不能是各层节点数最少的，也不是最多的；
2. 较好的隐含层节点数介于输入节点和输出节点数之和的 50%~75%；
3. 隐含层节点数的理论上限由其训练样本数据所限定。

三、神经网络模型的优点和局限

（一）神经网络模型的优点

1. 神经网络方法是一种稳健的、非参数的方法，具有很强的非线性映射能力，其学习能力强，分类精度高。

2. 神经网络采用分布式存储结构，容错能力强。网络中少量单元的局部缺损不会造成网络的瘫痪，不会影响全局，具备一定的容错性。

3. 神经网络模型是自由分布的，不要求样本数据服从某个分布。

4. 神经网络具有在新环境下的泛化能力，即在经过一定数量带噪声样本训练之后，网络通过学习来抽取规则或记忆知识。抽取样本隐含关系之后的记忆，并对新情况下的数据进行内插或外推。

5. 神经网络能不断接受新样本、新经验并不断调整模型，自适应能力强，具有动态特性。

（二）神经网络模型的局限性

单纯从理论上说，非线性的神经网络模型优于依赖距离测度的统计方法，但在实际应用中仍然存在以下缺点：

1. 网络的隐含层数、隐含层节点数及神经元能量函数的确定较为复杂，尤其是隐含层节点数的确定，没有确定的法则。只能根据一些经验法则，带有一定的任意性，其影响到训练与学习时间和最后结果的精度。

2. 各种主观或客观评价方法的最终结果均以模型形式给出，容易结合经济理论知识来解释，而神经网络系统的结构无法用显式表达出来，解释困难。如果给出错误评价，常常无法解释出错的原因。

3. 神经网络模型由于缺乏统计机理，变量选择困难，无法给出相关的显著性统计准则，也难以给出合适的变量选择准则，显然仅有精度准则是有缺陷的。模型中包括不相关变量或略去重要变量均将对结果产生重要影响，且使结果失去可信度。

4. 神经网络模型可不断学习与训练，但却不能辨识异常值，当异常值影响强烈时，神经网络模型也能给出拟合精度极高的估计，故神经网络模型对数据质量要求较高。

【案例 8-1】神经网络应用

本案例以 25 个公司的资产负债率、速动比率、现金流动负债比、总资产报酬率、净资产收益率和营业收入增长率六个指标为例，介绍神经网络模型如何应用。通过对 25 个公司的财务数据的调查分析，我们收集的原始数据如表 1 所示。

表 1　　　　　　　　神经网络模型原始数据　　　　　　　单位：%

公司名称	资产负债率	速动比率	现金流动负债比	总资产报酬率	净资产收益率	营业收入增长率
公司 1	74.68	88.38	8.09	1.51	2.56	5.16
公司 2	87.25	70.54	4.92	0.17	1.19	98.95
公司 3	81.95	97.1	4.06	0.77	1.97	40.15
公司 4	77.79	121.29	6.19	3.42	11.31	2.34
公司 5	35.46	277.51	85.38	11.1	21.51	124.21
公司 6	23.87	412.87	20.13	13.16	17.55	21.43
公司 7	77.19	105.52	1.76	1.24	2.41	3.5
公司 8	70.94	136.89	2.78	2.63	2.07	9.33
公司 9	60.38	125.3	13.25	31.17	65.61	97.93
公司 10	41.67	137.21	16.66	9.39	12.66	28.37
公司 11	61.18	143.95	21.81	7.19	13.15	92.34
公司 12	68.6	96.09	-0.32	0.8	1.41	52.02
公司 13	62.38	90.18	4.44	2.66	3.08	6.29
公司 14	32.79	110.32	72.3	7.17	10.09	194.36
公司 15	29.04	232.8	11.17	8.36	7.16	792.28
公司 16	50.58	133.63	54.73	18.8	28.19	45.6
公司 17	42.31	124.34	10.96	4.34	4.96	144.7
公司 18	34.64	221.68	22.31	17.9	26.96	42.32
公司 19	30.48	200.03	19.94	5.49	4.92	107.63
公司 20	87.91	52.75	4.55	1.62	10.52	18.67
公司 21	24.23	65.53	17.36	2	1.19	59.18
公司 22	79.18	68.98	6.49	3.36	12.88	13.9
公司 23	30.23	176.9	19.81	6.43	8.97	136.62
公司 24	54.01	106.5	16.64	1.06	0.55	72.84
公司 25	88.95	101.23	1.97	0.56	1.27	13.82

首先将原始数据标准化。我们选用的指标均为财务指标比率，可分为正向型指标和逆向型指标。正向型指标具有越大越优的性质，逆向指标具有越小越优的性质。我们采用线性比例变换法标准化数据：

商业信用度量

设有若干个财务度量指标 $f_j(1 \leq j \leq n)$，m 个评价方案（待评公司）$a_j(1 \leq i \leq m)$，m 个方案 n 个指标构成的矩阵 $X = (X_{ij})m \times n$ 称为评价矩阵。

在评价矩阵 $X = (X_{ij})m \times n$ 中，对于正向型指标，取 $X_j^* = \max(x_{ij}) \neq 0$，则

$$y_{ij} = \frac{x_{ij}}{x_j^*}(1 \leq i \leq m, 1 \leq j \leq n)$$

对于逆向型指标，取 $x_j^* = \max(x_{ij})$，则

$$y_{ij} = \frac{x_j^*}{x_{ij}}(1 \leq i \leq m, 1 \leq j \leq n)$$

矩阵 $Y = (y_{ij})_{m \times n}$，称为线性比例标准化矩阵，经过线性化指标满足 $0 \leq y_{ij} \leq 1$，并且指标均为正向指标，最好值为 1，最差值为 0。

采用线性比例变化法，将原始数据构成的评价矩阵 $X = (x_{ij})_{25 \times 6}$ 标准化，得出表2。

表2 标准化后数据 单位：%

公司名称	资产负债率	速动比率	现金流动负债比	总资产报酬率	净资产收益率	营业收入增长率
公司1	0.32	0.21	0.09	0.05	0.04	0.01
公司2	0.27	0.17	0.06	0.01	0.02	0.12
公司3	0.29	0.24	0.05	0.02	0.03	0.05
公司4	0.31	0.29	0.07	0.11	0.17	0.00
公司5	0.67	0.67	1.00	0.36	0.33	0.16
公司6	1.00	1.00	0.24	0.42	0.27	0.03
公司7	0.31	0.26	0.02	0.04	0.04	0.00
公司8	0.34	0.33	0.03	0.08	0.03	0.01
公司9	0.40	0.30	0.16	1.00	1.00	0.12
公司10	0.57	0.33	0.20	0.30	0.19	0.04
公司11	0.39	0.35	0.26	0.23	0.20	0.12
公司12	0.35	0.23	0.00	0.03	0.02	0.07
公司13	0.38	0.22	0.05	0.09	0.05	0.01
公司14	0.82	0.56	0.13	0.27	0.11	1.00
公司15	0.82	0.56	0.13	0.27	0.11	1.00
公司16	0.47	0.32	0.64	0.60	0.43	0.06
公司17	0.56	0.30	0.13	0.14	0.08	0.18
公司18	0.69	0.54	0.26	0.57	0.41	0.05

续表

公司名称	资产负债率	速动比率	现金流动负债比	总资产报酬率	净资产收益率	营业收入增长率
公司19	0.78	0.48	0.23	0.18	0.08	0.14
公司20	0.27	0.13	0.05	0.05	0.16	0.02
公司21	0.99	0.16	0.20	0.06	0.02	0.07
公司22	0.03	0.17	0.08	0.11	0.20	0.02
公司23	0.79	0.43	0.23	0.21	0.14	0.17
公司24	0.44	0.26	0.19	0.03	0.01	0.09
公司25	0.27	0.25	0.02	0.02	0.02	0.02

利用神经网络模型，借助计算机实验，对前17个公司的财务数据进行训练，可得神经网络模型的训练评价结果，对照专家的评价结果，得出表3。

表3　　　　　　　　神经网络模型训练结果

神经网络训练结果			专家评价结果		
名次	评价结果	公司名称	名次	评价结果	公司名称
15	63.57	公司1	16	62.48	公司1
14	63.86	公司2	15	63.76	公司2
15	63.57	公司3	13	66.31	公司3
10	76.42	公司4	10	76.42	公司4
1	99.07	公司5	1	100.00	公司5
1	99.07	公司6	7	97.23	公司6
17	63.55	公司7	17	62.06	公司7
11	74.69	公司8	11	74.69	公司8
5	97.87	公司9	4	97.87	公司9
1	99.07	公司10	3	99.06	公司10
8	95.13	公司11	8	95.13	公司11
13	64.04	公司12	14	63.99	公司12
12	74.10	公司13	12	74.10	公司13
7	97.34	公司14	6	97.34	公司14
6	97.35	公司15	5	97.35	公司15
1	99.07	公司16	1	100.00	公司16
9	93.89	公司17	9	93.89	公司17

训练结果表明：训练值与期望值基本接近。通过训练后得到的权值，我们利用神经网络模型得到其余 8 家公司的评价结果，如表 4 所示。

表 4　　　　　　　　　　　神经网络模型评价结果

神经网络训练结果			专家评价结果		
名次	评价结果	公司名称	名次	评价结果	公司名称
1	99.07	公司18	1	100.00	公司18
3	99.03	公司19	3	96.45	公司19
7	63.56	公司20	7	65.25	公司20
4	93.89	公司21	4	68.79	公司21
5	76.63	公司22	5	75.89	公司22
2	99.06	公司23	2	99.89	公司23
6	68.93	公司24	6	76.05	公司24
8	63.53	公司25	8	62.04	公司25

从以上应用可以看出，神经网络模型主要根据所提供的数据，通过学习和训练，找出输入和输出的非线性关系，从而得到问题的解，弱化了权重确定中人为因素的影响。由评价结果可以看出，人工神经网络得到的评价结果基本反映了公司实际状况。

第二节　商业信用风险度量与大数据

数据是对商业信用风险进行有效、准确度量的关键因素，与传统的商业信用风险分析相比，大数据环境下的商业信用风险度量关键在于大数据的获取来源、信用数据的质量和大数据分析技术的选择等。

一、传统信用风险度量方法的局限性

传统信用风险度量的局限性主要表现为以下几个方面：

（一）信用评估的数据来源单一

目前人民银行管理的个人征信主要集中在金融体系数据，而商业行为数据、社会行为数据和社交行为数据并没有纳入信用体系建设。而在当前的金融背景下，客户的商业、社会、社交等行为数据更能反映其信用及财务情况，是支撑理性放贷和化解金融风险的重要因素。但综观国内现状，由于数据整理基础薄弱、数据缺少统一规范和数据应用探索不足等原因，数据的整合存在一定难度。

（二）信用评估体系封闭

我国目前已经建成了以人民银行征信系统为核心的个人征信系统，但私营征信管理机构仍处于各自独立且监管相对缺失的状态。央行应将细分领域的各类企业统筹整合，并建立以央行为代表的公共征信机构为主、私营征信机构为辅的征信体系模式。

（三）客户覆盖能力不足

迄今为止，人民银行的征信系统所涵盖的信用数据主要包括个人的信贷数据。当前央行的征信系统共有8亿人登记在册，而真正使用银行信贷的只有大约3亿人。这意味着，有5亿人并没有信贷行为，也就是没有产生信贷信用数据。因此，构建一套基于普惠理念的覆盖全民的信用评估体系迫在眉睫。

（四）数据处理效率低下

在当前的大数据形式下，信用数据呈现出来源多样化、非结构化、海量化的特点。因此，传统的信用数据采集和处理模式效率相对不足，大数据挖掘技术可以解决信用数据的挖掘、清洗和使用效率问题。

二、大数据环境下商业信用风险度量存在的问题

大数据挖掘可以从海量数据中提取数据的模式和模型，同时结合机器学习的算法形成信用预测模型。通过使用先进的机器学习模型，每秒可以分析数万条信用数据，然后得出数十万个指标，在保持业务正常开展的同时，也会降低信用风险。另外，随着数据量呈几何级数增加，依靠传统的实体数据存储设备很难满足对当前数据量的存储需求。通过技术创新，形成由大规模计算机集群组成的"云"来存储大数据，同时使用分布式数据处理技术就可以大大缩短信息的检索、过滤和有效整合的时间，有效提高数据处理效率。

虽然大数据技术能够在一定程度上弥补传统信用风险度量的局限，但也存在潜在问题。

（一）数据统一获取困难

以个人信用评估为例，能够反映一个公民的信用水平的数据不仅仅是保存

在银行、证券以及新兴的互联网公司的金融新消费形成的数据。在大数据时代，要想刻画出个人完整的信用肖像，还应该包括公民的行为数据，如社交网络数据、生活缴费数据、出行信用数据、电商平台消费数据、共享资源使用数据等。但是目前央行征信所获取的全部数据来源都是内部的统计数据以及其他金融机构所报送的报表数据，各大机构之间并没有形成数据交换通道。同时，所有数据之间也没有统一的数据标准，因此数据难以整合，"数据孤岛"现象依然存在。

（二）数据质量要求高

大数据时代，人们生活中充斥着海量数据，其中只有少量数据是可以利用的，且必须经过去伪存真后才能加以使用。其一，大数据分析所包含的数据不能只是片面的，必须具有完整性和全面性；其二，大数据更新高频率性和强时效性会导致决策具有瞬时性，因此也加大了冲动性决策的概率；其三，形势的变化是迅速而未知的，但大数据资源从根本上讲是过去数据的集合，因此，信用风险的评估就是以历史的经验来预测未来，将大数据应用于决策制定可能会因为数据质量存在偏差而导致形成错误的决策。

（三）专业人才缺乏

信用风险度量方法的发展不仅需要大量金融专业人才，还要有具备大数据、机器学习等IT知识的专业人才。首先，如何从来自各行各业的大数据中筛选、清洗和提取有价值的信息，并形成算法和模型就需要大量跨专业跨学科的复合型人才。其次，数据挖掘模型研究和信用风险体系构建的关键技术攻关，需要相关专业的高水平专家。最后，还需要同时掌握大数据技术和金融技术的复合型监管人才，以保障信用风险体系的正常运行。因此，同时具备IT技术和金融知识的新型人才的缺乏将会成为制约大数据信用风险度量方法快速发展的瓶颈之一。

（四）数据泄露和滥用

首先，在大数据整合的过程中，各个行业的信用数据尤其是金融消费信用数据的集中，无形中也带来风险的集中。在严峻的网络安全形势下，必须应对好不法分子的数据窃取行为。其次，大数据信用数据隐私保护不足，这些个人和企业的信用大数据和个人、企业隐私之间的界线很模糊，使用不当就会触及法律的底线。最后，一旦个人和企业的信用数据被盗取，将会给个人和企业带来难以估量的损失，也会给金融市场的稳定带来巨大的挑战。

三、大数据环境下商业信用风险度量发展思路

（一）扩大数据来源，提升数据质量

一方面，扩大数据源，打破数据资源共享的壁垒。协调涉及个人、企业信用数据的其他行业和机构，制定相应的数据交换标准，将除金融借贷数据之外的个人信用数据整合到央行的征信系统，打破"数据孤岛"。另一方面，央行应采取相关措施，加强对信用数据的审核，提高数据的质量，降低因使用不当带来的风险。

（二）持续研究数据挖掘和云存储技术

不断研究数据挖掘在数据选择、预处理和信用风险建模过程中的关键技术，并完善信用风险评估模型。持续大力发展云存储系统，为机器学习提供更多、更准确的训练数据集，从而提高信用风险评估模型的准确性和有效性。

（三）加强人才培养，提高从业人员科技能力

一方面，应建立有效的人才培养体系，优化人才结构和布局，打造素质优良、善于创新的复合型人才队伍。另一方面，基于对大数据风险体系应用监管人才的需要，监管部门应全面加强队伍的技术能力培养，努力提高行业队伍的科技水平。一是加大投入，吸引高科技人才和团队。二是加强内部人员技术培训，注重专业技能培养。三是建立有效的人才交流机制，加强岗位轮岗，培养复合型人才。

（四）推进立法，在法律层面加强大数据的合法使用

推动建立健全相关法律法规，加强制度保障。首先，界定和规范各类主体的法律行为，推动相关法律以及相关规章制度的制定，确保信用大数据合法、规范使用。其次，研究探索安全的应用环境，同时完善相关技术应用的管理办法，健全信用大数据防泄露、防篡改等安全防护机制。最后，进一步完善技术防控措施，提高技术防范能力，全方位跟踪审计信用大数据的情形和场景，切实保障个人信用类隐私数据的安全合法使用。

第三节　商业信用风险度量与信息熵

一、信息熵的概念与内涵

信息熵是数学上颇为抽象的概念，在信息论中用于度量信息量。在通信系统中，信息熵是信源在单位时间内向信宿发出的信息量。由于信号传输的不稳定性，什么时候接收到信号源发出的消息是不确定的，所以信息的传输过程就是在消除不确定性。可以把信息熵理解成某种特定信息的出现概率，一个系统越是有序，信息熵就越低；变量的不确定性越大，熵也就越高，把变量弄清楚所需要的信息量也就越大。

二、信息熵的价值与意义

随着信息经济时代的到来，企业经营的成败不仅取决于自身组织机能的正确发挥，也依赖企业对整个供应链的掌控。互联网金融加速了风险的传播速度，企业之间存在较大的信息不对称问题，这种信息不对称以及上下游企业之间信息传播过程中产生的延迟、噪声等，导致整个供应链决策无法达到最优效果。信息熵作为信息学的基础，是衡量信息给社会带来影响的程度，特别是在大数据时代，其思想不仅对于大数据的复杂性处理、深入挖掘有效信息具有良好的方法论意义，对于整个社会系统发展来说，信息熵消除了人们对于事物的不确定性，而且信息负熵还揭示了世界的有序度，是激发社会活力的动力。

信息熵的本质是"负熵"，信息熵能使物质系统、社会系统和人类自身的认识系统具有确定性、有序性和组织性，达到减熵的目的。

首先，大数据信息熵从量变到质变的过程给社会带来的确定性，为政府和社会组织的有效决策提供了依据。大数据的信息熵是对复杂信息的不确定性程度的度量，它的演化本质诠释了事物从量变到质变的过程。随着大数据的积累，特别是达到或超过某个临界点后，大数据趋于完整，数据整体所呈现的规律和隐藏在数据背后的数据相关性线索趋于完善，小概率事件就会在一定程度上被显现出来，此时的信息熵值最大，体现出大数据的价值。信息熵的质变可以激活社会活力，但社会系统必须是开放的，开放的系统才能引入负熵流。信息熵表现的事物的确定性特征对于政府部门和社会组织了解事物的本质和影响程度，对于政府进行有效决策提供了依据，起到了很好的辅助作用。

其次，信息熵对于系统有序、无序水平的衡量，有效促进了社会的科技进步、思维创新和人工智能的发展。科学进步本身带来的是负熵流的增加，特别是人工智能的出现，不仅试图代替人的大脑，甚至比大脑的思维速度和复杂性还强，给社会带来了更强的不确定性的变革。而且信息熵可以直接衡量人工智能算法的优劣，例如称为数学最漂亮算法的最大熵模型，可以保留系统的全部不确定性，将风险降到最小。

最后，熵增和熵减的矛盾运动促进了系统自组织能力的完善，为政府改善社会环境、提高人民生活水平提供了依据。耗散结构理论的实质是非平衡系统的自组织理论，其核心是揭示了无序是有序之源，不平衡是发展之源。只要符合开放和远离平衡态的条件，任何系统都能通过熵增熵减的变化产生自组织系统的有序结构。信息是负熵的结论，是自组织理论发展的重要里程碑，信息的负熵流实现消除不确定性作用，使自组织系统趋于完善，对于社会系统的作用是正能量。信息已成为企事业单位、社会组织和个人的关键资源之一，社会组织在自发状态下，是正熵增状态，通过信息获取和引入更多的负熵流来激发活力，促进社会组织发展。

三、大数据时代的信息熵

经济学中所讲的熵源自物理学的重要概念。早在1850年，德国克劳修斯提出热力学第二定理，证明了孤立系统由非平衡态趋于平衡态，其熵单调递增，并且当系统达到平衡态时，熵达到最大值。1906年，奥地利物理学家波尔茨曼对其作出了微观解释，并给出了统计学的熵定律。1948年，信息论之父香农首次将熵的概念引入信息论，将信息中排除冗余信息的平均信息量定位为"信息熵"，并且用数学的语言描述了概率与信息冗余度的关系。

目前，大数据的主要特征是数据量巨大、数据内容丰富和数据结构复杂化，它不同于独立分散的局部数据的数据库系统，具有一个或者多个事件全体信息的数据全集,数据也呈现出多维度、多层次和多粒度的复杂性。现在的大数据系统都是复杂系统,数据量越大,信息关联度越大,信息的线索也越多,就如复杂信息系统理论中的超循环结构,而这种复杂的结构恰恰是发生有序结构的最初模型。大数据为我们探索整个未知世界的不确定性信息提供了基础,基于大数据所展现出来的数据特征和给人们带来新问题,舍恩·伯格在《大数据时代》一书中提出了处理大数据的方法是面向全体而不是抽样样本,是采用模糊的方法而不是力求精确,是采用相关关系而不是因果关系三个思维上的转变。

大数据时代的信息熵应用正是从这种整体性、模糊性和相关性出发,在概率统计和系统多维度和层次相关性的方法下研究事件的确定性,获得有价值的信息。信息熵是有效衡量离散型信息量的度量工具,其不仅可以处理单个事件信息的度量问题,也可处理多维的联合信息、条件信息等复杂信息。信息熵不仅适合复杂大数据的量化,而且也是对于复杂大数据价值评估的有效工具。

【案例8-2】 信息熵风险评价应用

风险的各种因素对风险主体而言是相互独立存在的,不管风险主体是否意识到风险的存在,它都存在着,并在一定条件下成为现实。对风险主体来说,风险程度具有不确定性,但并非完全不可测。风险可以理解未来事件出现的实际状况与预期状况相背离产生的一种损失,其表现在实际值的减少和机会的损失,而这种背离或差距的出现是不确定的,这种不确定性可用概率来表示。

信息熵风险评价目前常用于工程项目。工程项目过程中风险因素存在于整个生命周期内,如法规的不合理和管理部门过多地干涉承包商的决策等,造成项目的预定目标难以实现和建设工程合同条款不严谨,而且在工程项目实施过程中各种不确定因素的变化,承包商经常会因存在于合同中的漏洞要求索赔,导致工程项目成本加大,建设工程项目的项目管理者或工程师的技术业务水平及道德水平,同样会对项目的进度、造价和质量产生较大影响;工程项目设计文件的缺陷,同样也会增加项目成本、项目推进过程中的风险。具体而言,工程项目风险来源和工程项目过程中的风险因素如表1和图1所示。

第八章 商业信用风险度量展望

表1　　　　　　　　　工程项目风险的来源

项目内部风险	项目外部风险
项目规模	通货膨胀
难易程度	市场情况
新颖性	材料的市场价格
设计技术、施工强度	材料、劳动力的可供应性
项目地理位置	项目政策变化
项目主体综合能力水平等	天气等环境因素

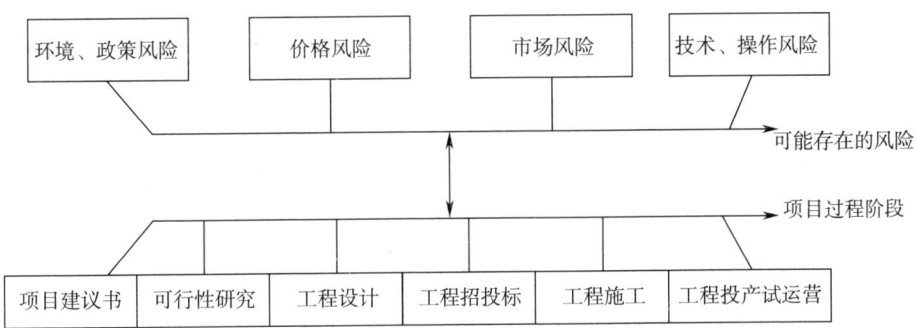

图1　工程项目过程风险因素

前文已经提及,在供应链金融系统中,信息熵可以比较实时、准确地刻画风险事件的概率分布情况,尤其对目前一些风险事件分布的高峰厚尾现象能有效地捕捉其风险信息,从而给出较为科学的风险管理的判断依据。供应链上企业融资是否发生信用违约,很大程度上与自身的财务经营状况有关,但当供应链上其他企业发生财务风险时,由于供应链的传导效应,即使企业自身的财务状况尚可,也会通过供应链传导效应影响到该企业的财务状况,致使企业发生信用违约。所以,较为简单的处理方法是,首先应用信息熵对所选取指标数据进行趋同化和标准化处理并计算各指标的权重,然后计算出供应链的整体财务风险的相对排名。

模拟被认为是对工程项目不确定性进行分析处理的最好方法,该方法用概率分布的形式来表示不确定性,构建工程项目风险评价的随机模型,这样能得出评价目标的多种统计量,从而达到分析评价工程项目过程风险的目的。所以接下来,本节将详细介绍基于信息熵的蒙特卡罗模拟过程。因为在本书第六章

商业信用度量

已经详细介绍了蒙特卡罗模型,所以这里仅介绍模拟过程。

工程项目过程风险的蒙特卡罗模拟是通过对每一随机变量进行抽样,将其代入相应的数据模型,确定目标值的模拟技术。独立进行模拟试验次数 N 次,这样可以得到目标函数的一组抽样数据,以此来确定目标函数的概率分布特征(分布曲线、数学期望和方差等)。

工程项目过程风险的蒙特卡罗模拟主要是对工程项目过程中的时间、费用进行风险模拟,利用工程项目过程中的时间、费用要素的概率分布得出对总工期、总成本的一系列模拟。在模拟过程中,通过从时间、费用构成要素的概率分布中抽取独立样本来对工程项目过程中的时间、费用进行试算。多重复这一过程,选择一定区间内的值(通过随机数发生器)来估计依据若干输入变量的结果变量的分布。

随着现代计算机技术的发展,目前手工模拟一般是不可实现的也是不可取的方法。现在国内外常用的模拟方法,常常选取基于计算机软件技术的模拟方法,如 GPSS、Simscript 和 Crystal Ball 等软件。目前,应用最为广泛的是 Crystal Ball 软件,主要是因为该软件应用范围较广,如对工程项目成本、进度等的风险评价、企业财务规划及生产控制、政府部门对能源价格的制定和对市场的优化等,操作简单。

基于 Crystal Ball 的工程项目过程蒙特卡罗模拟基本步骤如下:

(1) 工程项目过程模拟的建立。在表格上建立工程项目过程的相关模型,根据实际问题输入模型的相关数据、关系式等,并且要对有关变量进行设定(特别注意对输出结果显示格式的设定)。

(2) 工程项目过程的模拟,在工程项目过程的实际数据、关系式及需要预测的数据单元完成设置后,在工具栏 Run 中选中 Run 菜单,软件便自动进入工程项目的模拟过程。根据变量的概率分布,软件模拟生成各变量的随机结果,并在设定的公式中应用这些变量的随机结果。

(3) 工程项目过程模拟结果的分析。在通过 Crystal Ball 软件对项目过程模拟后,软件会产生有关的模拟分析结果。对所预测的结果可以通过直观的图形显示即得到相关随机变量的敏感性分析,也可以重复足够多的以上步骤,对结果的分布进行预测等。

对于工程项目较为复杂的过程，软件同样可以自动执行，如随机数的生成、对结果的汇集和统计量的计算等。模拟过程的有些步骤是一定要进行设置的，如项目过程模型的建立、随机变量的假设、相关输出变量的设定、模拟次数的设定和模拟相关结果分析解释等。

第四节　商业信用风险度量与人工智能

一、机器学习技术与模型

（一）机器学习技术与模型概述

机器学习是指计算机利用已有数据得出某种模型，并利用模型来预测未来的一种方法，即把人类的思考、归纳经验的过程转化为计算机对数据的处理计算得出模型的过程（见图 8-1）。所以机器学习是从已有的知识开始到不断吸收、整合新的技术并改进的过程。影响机器学习的因素很多，包括样本质量的高低等。

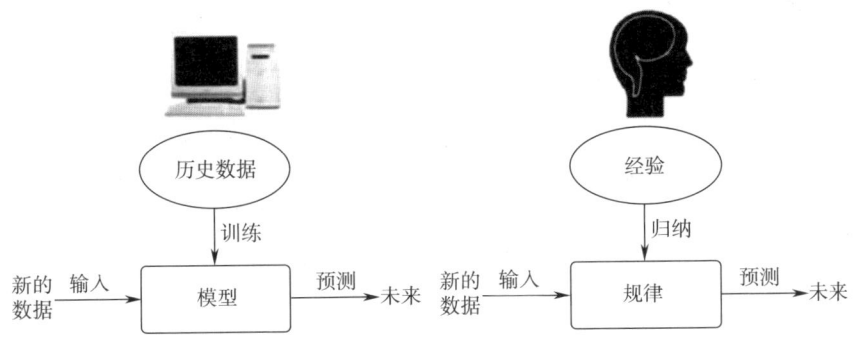

图 8-1　机器学习与人类思考的对比

（二）机器学习在商业信用风险度量中的应用

机器学习全流程主要包含业务流程和建模流程。在商业信用交易中，首先客户数据经由模型打分，然后根据经验评判展开业务，将来客户的正常还款行为或者违约行为都会在业务数据中有所记录。在建模流程中，主要环节包括数据准备、模型训练和模型验证。

商业信用度量

1. 数据准备。数据准备是指准备用于建模的样本数据，只有依靠好的数据才能得到可靠的模型。为了得到好的数据，需要从三个方面控制数据的质量。

（1）采样，样本数据对数量和质量都有要求。样本质量指的是样本能够很好地代表客户群体。一般来说，在质量不变的情况下，样本的数量越多越好。（2）标签，通常用作标签的数据都会明确地知道其目标信息，真正的标签应该是明确知道该用户在目标业务中的表现。（3）特征，特征数据主要需要考虑准确性、相关性和覆盖率三个方面。准确性指的是该数据忠实反映用户产生的原始数据。相关性指的是大部分用户都有这部分信息，一方面过多的缺失信息会导致建模困难；另一方面即使有可靠的模型，但是无法提取客户的信息也无法使用。覆盖率是流程对用户数据的掌控程度。

2. 模型训练。在确定需求之后，建立模型的流程如图 8-2 所示。

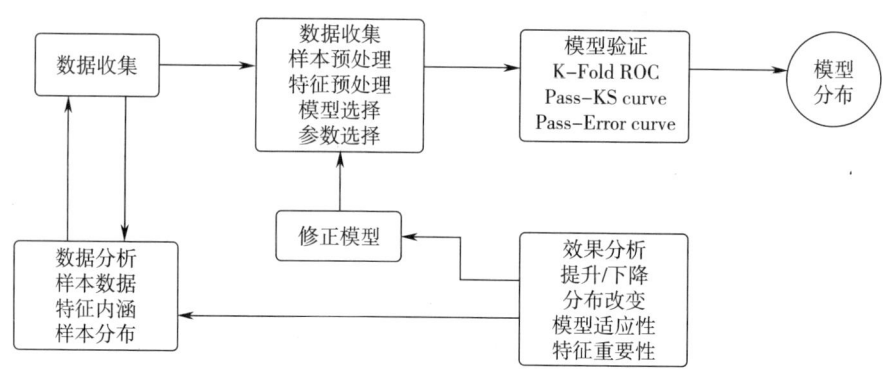

图 8-2　建模流程

值得注意的有：

（1）明确对模型的需求。

（2）建立的模型和收集到的数据都是分析的对象，分析的结果可能改变任一环节。

（3）任何环节作出改动的成效。

3. 模型验证。模型验证是指在得到模型之后了解模型的质量，在不同的模型中选择好的模型，目前使用的有交叉验证和业务验证两种验证方法。

交叉验证是在建模过程中使用的验证方法，通过计算 K 折交叉验证中的平均 AUC 来验证模型的泛化表现。K 折交叉验证指的是将样本数据随机分成 K 份，轮流用其中的 1 份作为测试集验证剩下的 K－1 份数据训练的模型。AUC 指的是 ROC 曲线下方的面积，这个面积越大越好。交叉验证反映了模型在本数据集上的泛化性能，这是目前选择模型和调整参数时的使用方法。泛化落差是指模型在训练集和测试集上表现的差距，但部分算法在训练集上的表现会优于测试集，但是差距有所不同。

业务验证是用在业务中常用的指标来直观地说明模型效果，目前一般使用两类曲线来进行业务验证：通过率—KS 曲线和通过率—不良率曲线。在 KS 曲线中，曲线越高越好，排名如表 8－1 所示。

表 8－1　　　　　　　　　　KS 曲线版本与评价

表现	版本	评价
1	使用全部测试样本的随机森林	过拟合
2	使用部分测试样本的随机森林	过拟合
3	两个版本的 SVM	略高于泛化误差
4	Index_ v35	

可以看出通过率—不良率曲线和 KS 反映的情况一致。在得到这两个曲线之后 Cut－off 可以根据 KS 的最值或不良率的控制指标给出。

二、知识图谱技术与应用

随着互联网技术的蓬勃发展和数据的爆炸式增长，人类已经能够通过搜索引擎获取很多相关知识，大量知识隐藏于网页中的非结构化文本和半结构化表格内。面对海量的网页文本信息，人们需自己从互联网上提取出所需的知识，但随着知识的不断增长，这种知识获取的方式已经无法满足人们的需求。人们期望以更智能的方式组织互联网上的资源，可以更加快速、准确、智能地获取到自己需要的信息。为了满足这种需求，知识图谱应运而生。2012 年，Google 对外发布知识图谱项目，其最初目的是提升搜索引擎的能力和用户的查询效率。但随着智能化服务的不断发展，知识图谱已被广泛应用在智能搜索、智能问答和个性化推荐等领域。知识图谱通过语义关联将各种实体关联起来，提供了一种迅速、高效和智能的知识管理方式，使搜索引擎拥有了一个可以将现实世界中存在的各种实体或概念及其关系完全映射的知识库。在知识的存储方面，使用最广泛的是关系型数据库，但面对知识图谱中大量存在的知识，关系型数据库局限于固定的表结构，不易进行扩展，查询效率易受影响。

目前，虽然通过知识图谱可以建立起知识之间的关联，但用户却无法直观地看到知识图谱中所蕴含的知识内容，需通过可视化将大量的知识转化为一种视觉表现形式，加强人类认知，增加人们的理解。企业知识图谱可视化能够从多角度展现数据内容，帮助企业从海量数据中找到线索，帮助企业制定经营策略，实现更有效的信用风险管理。

(一) 企业知识图谱构建

RDF 数据的生成是构建知识图谱过程中的关键技术，用来描述资源和数据及其之间的相互联系，是知识图谱表现和存储的一种形式。本体反映的知识是一种明确定义的共识，最大的特点在于它是共享的。

企业知识图谱主要通过三元信息图形化直接展示，构建企业二元数据的本体构建。如图 8-3 所示，三元组数据中的属性细分为数据属性和对象属性，

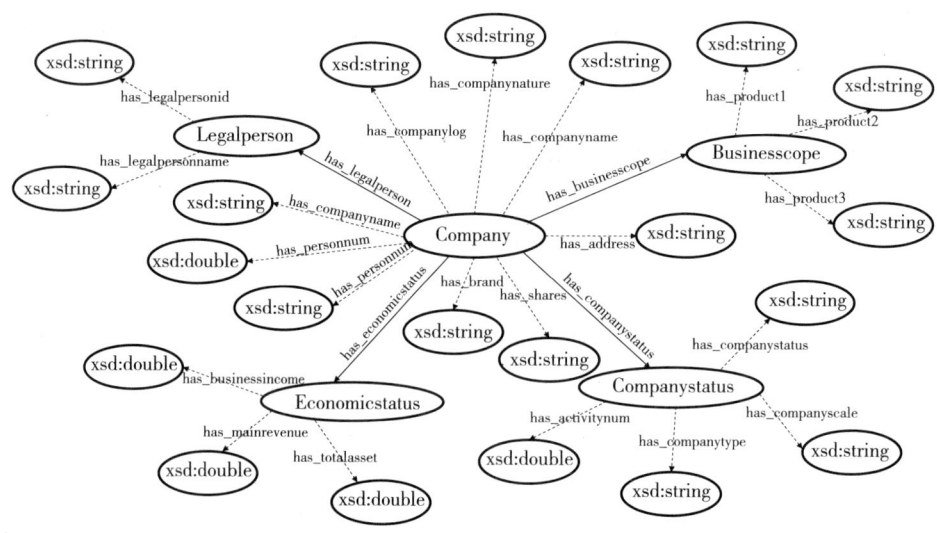

图 8-3 企业信息本体

用对象属性定义对象之间的关系，定义域和值域均为类；数据属性则用来描述对象的数据类型，定义域为某个类或者某些类，值域为某种特定的数据类型，两种属性分别用虚线和实线来进行标识。

(二) 企业知识图谱应用

基于构建的企业知识图谱，设计企业知识图谱的可视化系统，直观显示企业的详细信息和关系信息。企业知识图谱的可视化系统包含三个模块：查询展示法人所拥有的企业图谱；查询展示不同法人与法人之间通过企业信息建立关联的最短路径信息；查询展示某个企业的详细信息。

企业知识图谱的可视化可以利用百度开源可视化图表工具 ECharts，该工具具有执行高效和易渲染的优势。绘制的主要流程如图 8-4 所示。

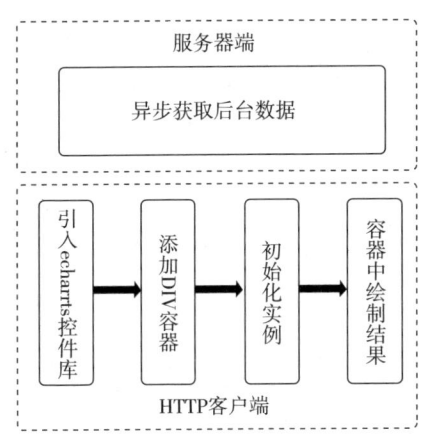

图 8-4　图表绘制流程

经过请求获取数据后，将绘制结果导入 DIV 容器，则可将结果在系统网页进行可视化。以海信集团为例，将结果导入 DIV 容器得到企业法人之间的关系查询如图 8-5 所示，该集团的知识图谱如图 8-6 所示。

知识图谱技术具有可视化特点，可很好地展示企业的详细信息与关联信息，对于商业信用风险度量具有很大的实践价值，可在一定程度上推动商业信用风险度量模型的发展。

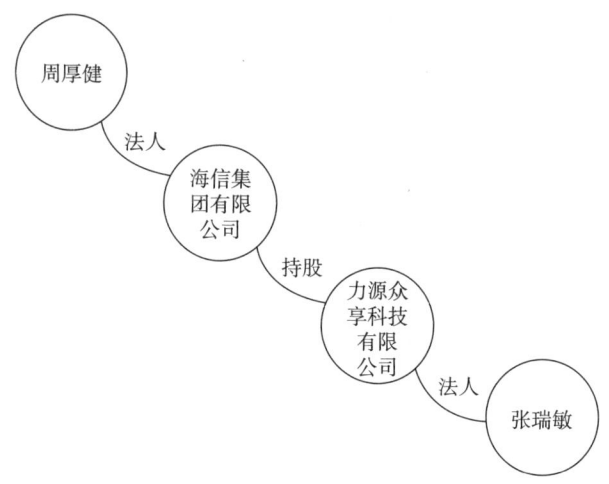

图 8-5 企业法人之间的关系图谱

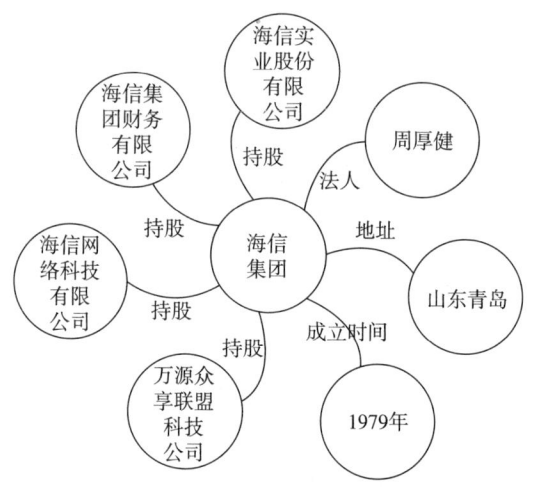

图 8-6 按企业查询的知识图谱

本章小结

神经网络目前已经提出 30 多种较为成功的神经网络模型,其中最流行的有十几种。其中,BP 神经网络是当前应用最为广泛的一种,其应用范围主要在识别分类、评价、预测、非线性映射和复杂系统仿真等。

在大数据技术高速发展的今天,传统的信用风险评估方法已经难以适应新形势下以互联网金融为主体的金融业务发展的需要，其局限性主要包括信用评估的数据来源单一、信用评估体系封闭、客户覆盖能力不足和数据处理效率低下等。虽然大数据技术在一定程度上能够提高商业信用风险度量的准确性，但是利用大数据构建信用风险度量体系也存在数据获取困难、对数据质量要求高、专业人才缺乏，以及数据泄露和滥用等问题。

大数据环境下，信息熵应用从整体性、模糊性和相关性出发，在概率统计和系统多维度和层次相关性的方法下研究事件的确定性，获得有价值的信息。信息熵不仅可以处理单个事件信息的度量问题，也可处理多维的联合信息、条件信息等复杂信息。信息熵不仅适合复杂大数据的量化，而且也是评估复杂大数据价值的有效工具。

随着信息经济的高速发展，商业领域风险变得日趋多样化和复杂化，信用风险有效度量的迫切性和重要性也越发突出，相对应的传统信用风险度量的理论、技术和方法已经难以处理现代市场经济发展所产生的海量数据和信息，相关技术需要进一步的研究和提高。同时互联网技术的迅速发展也带来了更先进的新兴技术工具，包括机器学习、图谱等人工智能技术。

本章要点

- 神经网络模型应用原理
- 大数据环境下商业信用风险度量的特点与问题
- 基于信息熵的风险评价应用
- 基于人工神经网络模型的商业信用风险度量

本章关键术语

人工神经网络　信息熵　机器学习　知识图谱　大数据　人工智能

本章思考题

1. 如何使用 BP 神经网络模型进行商业信用风险度量？
2. 简要分析大数据环境下传统商业信用风险度量模型的局限性。
3. 试分析机器学习技术中业务验证和交叉验证的区别。

参考文献

[1] 关伟，王子良. 金融机构信用管理 [M]. 北京：高等教育出版社，2015.

[2] 任学敏，魏嵬，姜礼尚，梁进. 信用风险估值的数学模型与案例分析 [M]. 北京：高等教育出版社，2014.

[3] 柳絮. 企业商业信用管理方法与策略研究 [M]. 北京：中国财政经济出版社，2007.

[4] 何娟. 供应链金融风险综合评价与测度 [M]. 北京：经济科学出版社，2015.

[5] 洪枚. 资信评估 [M]. 北京：中国人民大学出版社，2009.

[6] 林加奇. 第三条融资渠道——解读现代商业信用 [M]. 南昌：江西人民出版社，2002.

[7] 关伟，袁星煜，周泽伽. 第三方信用机构发展与变革 [M]. 北京：中央编译出版社，2017.

[8] 林钧跃. 第三代企业信用管理理论及其特点 [J]. 征信，2014（1）.

[9] 茆训诚. 信用风险度量与管理 [M]. 上海：上海财经大学出版社，2013.

[10] 潘华. 商业信用管理概论 [M]. 北京：中国书籍出版社，2013.

[11] 关伟. 企业信用管理 [M]. 北京：中国人民大学出版社，2009.

[12] 魏丽，满博宁. 信用风险度量 [M]. 北京：高等教育出版社，2015.

［13］吴晶妹，韩家平．信用管理学［M］．北京：高等教育出版社，2015．

［14］吴晶妹，现代信用学［M］．北京：中国人民大学出版社，2009．

［15］吴晶妹．信用管理概论［M］．上海：上海财经大学出版社，2005．

［16］吴青．信用风险的度量与控制［M］．北京：对外经济贸易大学出版社，2008．

［17］徐小斌．"自信用"视角下企业商业信用规模管理与决策［M］．成都：西南交通大学出版社，2011．

［18］叶蜀君．信用风险的博弈分析与度量模型［M］．北京：中国经济出版社，2008．

［19］叶蜀君．信用风险度量与管理［M］．北京：首都经济贸易大学出版社，2008．

［20］曾康霖，王长庚．信用论［M］．北京：中国金融出版社，1993．

［21］赵晓菊．信用风险管理［M］．上海：上海财经大学出版社，2008．

［22］周月刚．信用风险管理——模型、度量、工具及应用［M］．北京：北京大学出版社，2017．

［23］朱艳敏．小企业信用评分模型的开发及应用——基于提高小微企业贷款的可获得性角度［M］．北京：中国财政经济出版社，2015．

［24］朱毅峰，吴晶妹．信用管理学［M］．北京：中国人民大学出版社，2001．